HARALD MARTENSTEIN, geboren 1953, ist Autor der Kolumne »Martenstein« im *ZEITmagazin* und Redakteur beim *Tagesspiegel*. 2004 erhielt er den Egon-Erwin-Kisch-Preis, 2010 bekam er den Curt-Goetz-Ring verliehen. Seine Kolumnenbände waren allesamt Best- und Longseller.

»Martenstein stellt die richtigen Fragen.
Und gibt kluge und streitbare Antworten.«
Westdeutsche Zeitung

Außerdem von Harald Martenstein lieferbar:

Der Titel ist die halbe Miete.
Mehrere Versuche über die Welt von heute

Gefühlte Nähe.
Roman in 23 Paarungen

Ansichten eines Hausschweins.
Neue Geschichten über alte Probleme

Wachsen Ananas auf Bäumen?
Wie ich meinem Kind die Welt erkläre

Freut Euch, Bernhard kommt bald!
12 unweihnachtliche Weihnachtsgeschichten

Nettsein ist auch keine Lösung.
Einfache Geschichten aus einem schwierigen Land

Jeder lügt so gut er kann.
Alternativen für Wahrheitssucher

Besuchen Sie uns auf www.penguin-verlag.de
und Facebook.

Harald Martenstein

Im Kino

Sollte diese Publikation Links auf Webseiten Dritter enthalten,
so übernehmen wir für deren Inhalte keine Haftung,
da wir uns diese nicht zu eigen machen, sondern lediglich auf
deren Stand zum Zeitpunkt der Erstveröffentlichung verweisen.

Verlagsgruppe Random House FSC® N001967

PENGUIN und das Penguin Logo sind Markenzeichen
von Penguin Books Limited und werden
hier unter Lizenz benutzt.

1. Auflage 2019
Copyright © 2017 by C. Bertelsmann Verlag,
in der Verlagsgruppe Random House,
Neumarkter Straße 28, 81673 München
Umschlag: buerosued.de, München
Lektorat: Rainer Wieland
Satz: Uhl+Massopust, Aalen
Druck und Bindung: GGP Media GmbH, Pößneck
Printed in Germany
ISBN 978-3-328-10350-9
www.penguin-verlag.de

Dieses Buch ist auch als E-Book erhältlich.

Inhalt

Warum das Ganze? 9

Filmredakteur 14

Kritik des Antikolumnismus 17

In Afrika ist auch nicht immer aufgeräumt 19

Herva mit Mosel 24

Berlin 99 26

Geschichte als Treppenwitz 32

Liebe, Gnade, Paradiso 34

Frösche und Zwerge 37

Cocktail in Stalingrad 39

Der große Gleichmacher 41

Kanzler, Gott, ein Clown 44

Kill Me if You Can 48

Kaukasier bin ich selber 51

Stadt der Angst 53

In letzter Sekunde 57

Bei uns haben die Huren alle Abitur 59

Generation Viagra 62

Kritik der Pappe 65

Big Art 67

Völkerkunde 69

Wowis Botschaft 71

Alte Schachteln 73

Drei Hunde auf dem Dach 75

Die Nackten und die Zoten 77

Das Leben ist schöner 80

Vogelgrippe 83

Kosslick ist Kult 85

Angelina Jolie 87

Robert De Niro 89

Ganz schön zu 91

Lob des Handwerks 93

Schlechte Zähne, böse Seele 95

Pop and Circumstance 97

Die dicken Männer von Mumbai 99

Atomkrieg der Häschen 101

Fernsehfilme 104

Schneetreiben 106

Gefangene Wahrheit 108

Die ersten und die letzten zwanzig 112

Krieg spielen 114

Schal und Mütze 118

Der Vorleser 120

Letzte Gerichte 122

Sex 124

Seife im Kopf 126

Deutschland 09 128

Heiner Geißler isst Krabbenfleisch 130

Alles auf Asperger 132

Gute Filme 134

Friseusen 137

Glück und so weiter 139

Überall ist Heimat 141

Goebbels in Namibia 143

Schlechte Filme 145

Peitschen aus Hanf 146

Identitätsfragen 149

Konsensfilme 151

Mal jemand anders sein 153

Rolf Eden und die Kinder 155

Das Nordkorea Europas 157

Falsche Mittel 159

Underground! 161

Wer darf sagen, wie es war? 163

Kinoanzeigen 165

Ein Penis im Glück 167
Das Schweigen der Ziegen 169
Pu, der Bär 171
Lob des Schlussmachens 173
Im Bahnhofskino 175
Nackte Rabbis sieht man besser 177
No Risk, no Art 179
Houellebecq im Dschungelcamp 181
Schleimen und schmachten 183
Kunstscheiß 186
Multimediabubble 188
Leni und ihre Töchter 191
Urteile 193
Ai Weiwei macht Party 195
Das Licht geht aus 197
Henry Hübchens Geheimnis 200
Männer mit feuchten Hosen 202
Die Moralfrage 204
Abblende 206
Dank 209

Personenregister 211
Im Text erwähnte Filmtitel 217

Warum das Ganze?

Ich habe mit etwa zwanzig Jahren angefangen, professionell zu schreiben, bei einer Lokalzeitung. Es gibt kaum eine journalistische oder literarische Gattung, die ich seitdem nicht ausprobiert habe, zum Teil freiwillig, zum Teil auf Wunsch meiner Vorgesetzten und Auftraggeber. Lokalglossen, Kolumnen, Reportagen, Leitartikel, Romane, Essays, Kritiken, Werbetexte, Reden, Comictexte, Radiofeatures, Ghostwriting, ein Drehbuch, das zu Recht nicht genommen wurde, schlechte Gedichte und den ganzen anderen Kleinkram, das habe ich alles auf dem Kerbholz.

Ich bin kein Journalist, kein Reporter, kein Kritiker, kein Schriftsteller. Ich bin ein Schreiber. Das Schreiben gehört zu meinem Leben wie das Atmen, ich schreibe fast täglich. Das Schreiben macht mich manchmal glücklich, wie eine Droge. Schreiben ist ein Selbstgespräch, bei dem ich auf Dinge stoße, nennen Sie es meinetwegen »Erkenntnisse«, auf die ich ohne mein Schreibgerät niemals gekommen wäre. Schreiben und Lesen, immer hübsch abwechselnd, so sieht für mich das Paradies aus. Früher habe ich jedes gottverdammte Langweilerthema dankend akzeptiert, heute, als alter Knabe, erlaube ich mir den Luxus, wählerisch zu sein. Aber ich bin im Prinzip immer noch ein Allesfresser, wie mein Hund.

Weil das so ist, bin ich nie ein Spezialist geworden, ich habe mich zu oft und zu gern ablenken lassen. Nur als Filmkritiker hätte ich gut gelaunt alt werden können. Die Filme sind so verschieden, mit dem Film lässt sich so viel mehr anstellen als mit dem Theater, und du kannst an einem Tag drei Filme sehen, drei Romane täglich sind nicht zu schaffen. Ein langweiliger oder schlecht gemachter Film ist besser auszuhalten als schlechtes Theater oder schlechte Literatur. Ich mochte das Kino auch als Ort, weil ich schüchtern war und es mir gefiel, im Dunkeln zu sitzen und anderen Leuten zuzusehen.

Ein paar Jahre, drei, glaube ich, war ich Filmredakteur. Ich durfte zu Filmfestivals fahren, die in faszinierenden Städten wie Hof, Oberhausen oder Saarbrücken stattfanden. Für Cannes fehlte der Zeitung das Geld, aber für Venedig hat es immerhin gereicht. Eine meiner neuen Mitarbeiterinnen verließ nach kurzer Zeit empört das Ressort, mit der Begründung, ich hätte keine Ahnung von Filmen. Das stimmte. Meine filmhistorische Bildung war und blieb lückenhaft, nicht zu vergleichen mit den echten Spezialisten, die pro Jahr 200 Filme sehen oder mehr. Ich habe in meinen besten Zeiten höchstens 100 geschafft, heute sind es viel weniger. Aber das Kino, sagte ich mir, wird für Leute wie mich gemacht, für die hoffentlich nicht ganz blöde Masse, nicht für die Handvoll Spezialisten, deshalb ist es in Ordnung, wenn ich mir dazu eine Meinung erlaube.

Ein Film, den ich mögen soll, muss mich unterhalten, aber das kann auf tausend Arten geschehen, ruhig auch auf eine komplizierte, langsame und elaborierte. Filme, die klüger erscheinen wollen, als sie es sind, Angeber- und Bescheidwisserfilme, Werbefilme für eine bestimmte Meinung, manipulativen Kitsch und ranschmeißerische Zielgruppenfilme mag ich zum Beispiel nicht. Ich muss spüren, dass die Filmemacher nicht in erster Linie auf einem Egotrip sind oder einfach ein kommerzielles Rezept anwenden, ich will spüren, dass sie bei ihrer Arbeit an ihr Thema gedacht haben und an mich, ihr Publikum, dass sie auf der Suche waren nach etwas. Im Idealfall vergesse ich dann alles, auch, dass ich hinterher eine Kritik schreiben muss. Ich lasse mich willen- und meinungslos treiben in diesem Film, und am Ende ist es, als erwachte ich aus einem Traum.

Kritiken sollten ebenfalls unterhaltsam und ehrlich sein, sie müssen eine Meinung riskieren und damit das Risiko des Irrtums. Kritiken sollten sich nicht lesen wie ein Lexikonartikel, sie dürfen ihre Subjektivität ruhig offen ausstellen. Dann fühle ich mich ernst genommen. Da ist ein Mensch, dessen charakterliche Konturen ich bei der Lektüre erahnen kann, da spricht keine höhere Instanz zu mir, »die Zeitung«, »die Kritik«, »der Sender«, sondern einer wie ich. Er sagt klar, was er denkt, aber er lässt durchblicken, dass ein anderer Zuschauer vielleicht zu einem anderen Urteil gelangen könnte.

Eines Tages bekamen wir im Ressort einen neuen Chef, mit dem ich nicht klarkam. Ich kündigte, und als ich nach einiger Zeit zu der alten Zeitung zurückkehrte, war dieser Chef weg, und ein Kollege war inzwischen Filmredakteur, so wurde ich für ein paar Jahre Reporter. Auch schön! Kritiken habe ich nur noch selten geschrieben, aber während der Berlinale sollte ich eine tägliche Kolumne verfassen. Dies tue ich jetzt schon seit einer Ewigkeit, bald zwanzig Jahre, fürchte ich – davor, die genaue Zahl nachzuschlagen, habe ich ein bisschen Angst. Die Texte dieses Buches beruhen zum größten Teil auf den neueren dieser Kolumnen, sie wurden überarbeitet, manchmal umgeschrieben. Es ist also nicht nur ein Buch über Filme, Filmschaffende und das ganze Drumherum, sondern auch ein Buch über Berlin und die Berlinale, das wichtigste deutsche Filmfestival und alljährlich größte Kulturereignis dieser nicht gerade ereignisarmen Stadt. Ich liebe die Berlinale, auch wenn ich mich oft genug über einzelne Aspekte des Festivals lustig gemacht habe. Wissen Sie, ich bin in der Stadt Mainz geboren, da gehört es zum guten Ton, sich auch über Personen und Ereignisse lustig zu machen, die man im Grunde mag.

Zur Orientierung erwähne ich das Jahr, in dem ich

den jeweiligen Text produziert habe, also die Urfassung. Manche Leute, die auftauchen, sind inzwischen leider gestorben, und ich möchte den Eindruck vermeiden, dies sei mir entgangen. Warum habe ich dieses Buch zusammengestellt? Weil ich hoffe, dass ein paar Leute es unterhaltsam finden, und weil es vielleicht ein paar Erkenntnisse enthält, auf die ich nie gekommen wäre, wenn ich nicht schreiben würde.

Filmredakteur

Venedig ist wunderbar, ich fahre da immer wieder gern hin. Ich wäre am liebsten Kulturkorrespondent in Venedig. Es soll Zeitungen in Deutschland geben, die so etwas haben.

Venedig hat vieles mit der Insel Sylt gemeinsam. Auch Sylt ist wunderbar, außerdem sehr beliebt bei Autoren und Journalisten. Rudolf Augstein hat sich dort sogar begraben lassen. Es gibt allerdings kaum noch Sylter, die Sylter können sich Sylt nicht mehr leisten. Ich frage mich, wer zuerst geht, der letzte Sylter oder der letzte Venezianer.

Einige Male war ich als junger Kulturjournalist immerhin bei dem Filmfestival, welches am Lido stattfindet, am Strand von Venedig. Es war oft schwierig, in die Filme hineinzukommen, die Plätze waren knapp. Ich habe getan, was ich konnte, es war einfach kein Platz. Dann bin ich essen gegangen oder habe am Strand gelegen, viele Filmkritiker taten das. Hinterher hat man sich die Filme erzählen lassen. Natürlich habe ich, auf der schmalen Basis dieser subjektiv gefärbten

Informationen, keinen Verriss geschrieben, auch keine Lobeshymne. Es waren abwägende, manches bewusst in der Schwebe haltende Filmkritiken, sehr fair, sehr gerecht, auf das souveräne Urteil der Leser vertrauend, vielleicht die objektivsten Filmkritiken meines Lebens.

Die Hotelzimmer waren so teuer, dass meine mittelbedeutende Zeitung nur ein handtuchgroßes Zimmer zu bezahlen in der Lage war. Ich habe vor diesem Zimmer ein bisschen Angst gehabt. So ging es vielen. Die Kritiker der nicht so bedeutenden Zeitungen saßen bis in die Morgenstunden in den Lokalen, im Freien, es war September, und tranken *vino di tavola*. Das Schreibzimmer für die Presse war fast so winzig wie die Hotelzimmer, und voller italienischer Kollegen, die sich lautstark und gestenreich über die Qualität der Filme stritten.

Meine Kritiken schrieb ich mit der Hand, auf einer Parkbank sitzend, und telefonierte sie aus einer glutheißen Telefonzelle durch, während andere Kritiker, bei denen der Redaktionsschluss drohte, verzweifelt an die Scheibe klopften. Nach meiner Rückkehr las ich, dass sie in der telefonischen Aufnahme aus der »eigenwilligen Bildsprache« des Regisseurs etwas völlig anderes gemacht hatten, nämlich eine »allzu billige Blutlache«. Ich galt von da an als origineller Autor.

Zum ersten Mal im Leben sah ich mehrere italienische Filme an einem einzigen Tag. Die meisten italienischen Filme waren grauenhaft. Was war aus diesem Land geworden, dem Land von Fellini und Pasolini?

Aber ich dachte, wenn du sie verreißt, kriegst du im nächsten Jahr keine Akkreditierung, und zu Hause sagt der Chefredakteur: »Was wollen Sie bei so einem Festival? Sie schreiben doch selbst, dass die Filme nichts taugen.« Ich habe die italienischen Filme also immer nur ganz vorsichtig kritisiert. Zumindest die Hauptdarstellerinnen waren wirklich schön, sogar in den sozialkritischsten Dokumentarfilmen haben sie auf schöne Hauptdarstellerinnen geachtet.

Für die deutschen Filme bekam ich in den Kinos von Venedig immer einen Platz. Die deutschen Kritiker haben die deutschen Filme meistens niedergemacht, weil sie die wirklich gesehen hatten, und irgendwas muss man ja auch mal verreißen. Wie mag es heute sein? Venedig ist ein wunderbarer Arbeitsplatz gewesen. Dann wurde ich Kolumnist.

2014

Kritik des Antikolumnismus

In »Der gute Deutsche« spielt George Clooney einen Kolumnisten im Berlin des Jahres 1945. Es ist vermutlich der erste Kolumnistenfilm, der jemals im Wettbewerb einer Berlinale lief. Wie Kolumnisten aussehen, wie mutig sie Gefahren meistern, welch tolle Uniformen sie tragen und wie überwältigend sie auf Frauen wirken, zeichnet der Film einigermaßen realistisch. Dann aber wird, ohne erkennbaren Grund, etwa alle zehn Minuten dem Kolumnisten von hinten ein Stuhl über den Kopf gehauen. »Der gute Deutsche« ist kein guter Film.

1945 schien eine Epoche der Freiheit zu beginnen, stattdessen senkte sich die Nacht des Antikolumnismus über Europa, und in den USA begannen unter McCarthy die berüchtigten Kolumnistenjäger mit ihrer Arbeit.

Immerhin wollten sie für die Dreharbeiten zu »Der gute Deutsche« in Los Angeles das zerstörte Berlin nachbauen, aber es ist im Studio eine Verwechslung passiert, aus Versehen haben sie eine zerstörte süddeutsche Kleinstadt gebaut, ich tippe auf München. Die niedrigen Häuser, die Butzenscheiben und geschnitzten Türen, die Korkenziehertreppenhäuser, der hohe Alkoholkonsum, die Männer, die anderen Männern ohne Grund Stühle auf den Kopf hauen: alles typisch München. Deswegen reagieren die Deutschen in dem Film so verwirrt, oder lachen verlegen, wenn Cate Blanchett, obwohl sie doch längst in München ist, ununterbrochen sagt: »Ich will weg aus Berlin, bringt mich raus aus Berlin, ich will Berlin verlassen«, das klingt genau wie der späte Edmund Stoiber.

In dem Edith-Piaf-Film »La vie en rose« trat ebenfalls eine gute Deutsche auf, nämlich Marlene Dietrich. Die Marlene-Dietrich-Darstellerin trug am Kinn allerdings eine dicke, dunkle Warze, wie die in jeder Hinsicht makellose Marlene Dietrich sie niemals besessen hat. Die einzige singende, blonde Person mit einer Warze, die wir in Deutschland haben, ist Peter Maffay. Auch hier ist also ausländischen Filmemachern aus Unkenntnis der deutschen Verhältnisse eine Verwechslung passiert.

2007

In Afrika ist auch nicht immer aufgeräumt

Vor vier Jahren hat die Geschichte dieses Films angefangen. Es war in den deutschen Kinos die große Zeit der Beziehungskomödien. Aber der Produzent Peter Rommel und der Regisseur Andreas Dresen wollten etwas anderes, Neuartiges machen, einen Film, wie sie vor vier Jahren vor allem aus England und Frankreich ins Kino kamen. Etwas über Obdachlose und Junkies, Prostituierte und Asylbewerber. Mit Handkamera und fast ohne Kunstlicht. In Berlin. Nachts.

Jetzt ist der Film fertig, und jetzt, vier Jahre später, wimmelt es in den Kinos und auf den Festivals plötzlich von solchen Geschichten aus Deutschland. »Nachtgestalten« liegt voll im neuen Trend des deutschen Films, der sich heutzutage mit der gleichen Unbedingtheit dem Schauplatz Berlin und dem Sozialrealismus hingibt wie gestern noch dem Liebeskummer gut verdienender Dreitagebärte aus München.

Aber damit wir uns richtig verstehen: »Nachtgestalten«, Regie: Andreas Dresen, ist ein wunderbarer Film geworden. Es ist der Film, den die Regisseure von »Das Leben ist eine Baustelle« und von »Fette Welt« wohl gerne gemacht hätten. Der erste deutsche Beitrag im Wettbewerb dieser Berlinale, »Aimée und Jaguar«, war zur allgemeinen Erleichterung zumindest nicht misslungen, dieser hier, der zweite, ist richtig gut.

Dresen kam auf seine Idee, als er für eine Dokumentation über Kinder aus der Dritten Welt recherchierte, Kinder, die von ihren Eltern nach Deutschland geschleust werden, allein, um hier ihr Glück zu machen. Außerdem wusste er, dass der Papst nach Berlin kommt. Die Idee lautete, das Erhabene, den Papstbesuch nämlich und seine Fernsehbilder, mit dem wirklichen Leben zu kontrastieren – mit Leuten vom Ende der sozialen Skala, die um ein wenig Würde und Liebe kämpfen. Daraus hätte, wie man sich denken kann, leicht Kitsch werden können. Deswegen musste der Film berlinisch werden. Sarkastisch also, beiläufig, unsentimental, und nur mit zartesten Anflügen von Romantik. Das Kunststück besteht darin, solche Zutaten richtig zu dosieren.

»Nachtgestalten« erzählt drei Episoden aus einer Nacht des Jahres 1996, der Nacht des Papstbesuches, lose verbunden durch einen Taxifahrer, der alle Hauptfiguren in dieser Nacht fährt. Es funktioniert ähnlich wie »Keiner liebt mich« von Doris Dörrie, mit einer Prise Jim Jarmusch, aus »Night on Earth«. Drei Paare. Drei unmögliche Liebesgeschichten. Drei Geschichten, in denen Gewalt vorkommt. Eine Obdachlose bekommt 100 Mark geschenkt und beschließt gemeinsam mit ihrem Freund, die Nacht in einem billigen Hotel zu verbringen. Ein Bauer kommt nach Berlin, um sich auf dem Metropolenstrich eine Nutte zu suchen. Dem Mädchen gibt er 500 Mark, damit sie die ganze Nacht mit ihm verbringt, der Abend endet im Chaos einer Junkiewohnung. Ein älterer Angestellter soll Kunden auf dem Flughafen abholen und schenkt einem Jungen aus Afrika sein angebissenes Brötchen. Es endet damit, dass er das Kind, das nicht spricht und niemandem zu gehören scheint, in seiner Junggesellenwohnung übernachten lässt.

Dresen, der auch das Drehbuch geschrieben hat, gehört zur letzten Regisseursgeneration, die ihr Handwerk noch zum Teil in der DDR gelernt hat. Vielleicht könnte man »Nachtgestalten« das attestieren, was in der DDR gerne eine »humanistische Grundhaltung« genannt wurde, also eine grundsätzliche, wenn auch skeptische Sympathie, den Homo sapiens betreffend. »Nachtgestalten« ist deshalb kein kalter und kein düsterer Film geworden, obwohl er drei erbärmliche Milieus vorführt, drei Varianten der Einsamkeit, und obwohl jede seiner Episoden sich mühelos hätte kalt und düster erzählen lassen. Allen seinen Figuren, auch den seelisch Heruntergekommensten, gelingt hin und wieder eine menschliche Geste. Sie sind alle auf der Kippe, im Zwischenzustand – wie Berlin, das aber von Andreas Höfer ohne die üblichen Baustellen fotografiert wird.

Sie wissen alle nicht genau, ob sie von ihrem Gegenüber angezogen oder abgestoßen werden, das Gute ist in jeder Figur ebenso angelegt wie das Böse. Das macht den Film differenziert, genau und unberechenbar, das unterscheidet ihn auch von dem modischen Neoexistenzialismus, der zurzeit in den Kinos umgeht. Die Nutte räumt ihrem naiven Freier, der ihr eine Rose geschenkt hat und sie retten möchte, die Brieftasche aus, aber dann steckt sie ihm eben doch einen Hunderter für den Nachhauseweg zurück. Die Autodiebe halten an, als sie die blutüberströmte Obdachlose auf der Straße liegen sehen, sie kriegt einen Schluck Schnaps. Aber dann fahren sie eben doch weiter und überlassen die Frau sich selbst.

Unter den sechs Hauptdarstellern, die von etlichen, für deutsche Verhältnisse ungewöhnlich liebevoll und klischeefrei gezeichneten Nebenfiguren umgeben sind, ragen zwei heraus. Da ist einerseits die 19-jährige Susanne Bormann als Stricherin. Und da ist andererseits Gwisdek. Michael Gwisdek hatte vor einem Jahr im Wettbewerb der Berlinale als Regisseur Pech, mit seinem »Mambospiel«, das zu privat und zu skurril war für eine solch große Bühne. Diesmal wird es ihm besser gehen. Gwisdek kommt in »Nachtgestalten« die dankbare Aufgabe zu, komödiantische Effekte zu setzen, als Berliner Edelspießer vom Typus »Herz mit Schnauze«, der zuerst rassistische Sprüche klopft und dann mit wachsender Begeisterung den Vater spielt.

Hendrik Peschke: ein Name, der Berlin auf den Begriff bringt, halb große Welt, halb Schrebergarten. Hendrik Peschke führt das schwarze Kind in seine Neubau-Singlewohnung, in der überall Hemden zum Trocknen hängen, und dann sagt er nonchalant: »Bei euch in Afrika ist auch nicht immer aufgeräumt.« So, genau so lakonisch ist die Tonlage von »Nachtgestalten«.

1999

Herva mit Mosel

Immer ist es schön und oft ist es nur allzu nötig, der Jugend etwas beizubringen. Junge Menschen: Wisst ihr, was »Herva mit Mosel« ist? Das ist, wenn ich es richtig erinnere, Kräuterpampe mit Süßwein. Vor etwa dreißig Sommern war »Herva mit Mosel« das Lieblingsgetränk sonnengegerbter älterer Damen, ungefähr von achtzig Lenzen aufwärts, die unsereinem das Knabenköpfchen tätschelten. Das Verschwinden dieses Getränks aus dem öffentlichen Raum hängt, wie zu befürchten steht, mit dem biologisch bedingten Verschwinden seiner Zielgruppe zusammen. Aber dann ist plötzlich Berlinale, und im Delphi öffnet in einer Nische eine Fünfzigerjahre-Bar, die in normalen Zeiten nutzlos vor sich hin dämmert.

Und welche drei Worte stehen riesengroß über der Bar?

Dieser Text ist Shirley MacLaine gewidmet und behandelt das Älterwerden. Woran merken wir Männer, dass wir alt geworden sind? Daran, dass Wim Wenders beginnt, sich für uns zu interessieren. Wim Wenders ist sozusagen der Talent-Scout des Sensenmannes. Bei der Berlinale hat er jetzt – nach seiner erfolgreichen Zusammenarbeit mit Curt Bois, Heinz Rühmann, Michelangelo Antonioni und Federico Fellini – ein Werk über einen neunzigjährigen kubanischen Unterhaltungsmusiker vorgestellt.

Alte sind für Wim Wenders das, was für Frank Castorf der Kartoffelsalat ist: eine Obsession. Ohne Obsession läuft bei den meisten Künstlern kunstmäßig nix. Wenn Wim Wenders aber eines Tages mal selber tot ist und ins Fegefeuer kommt, dann werden ihn viele kleine Teufelinnen mit glühenden Zangen zwicken und dazu zwingen, Tausende von Filmen zu drehen, in denen ausschließlich junge Frauen vorkommen.

1999

Berlin 99

Es liegt Patina über unserer Gegend. Die Kreuzung Suarezstraße/Kantstraße in Charlottenburg zum Beispiel: ein, wie man früher sagte, bürgerliches Viertel im Westen von Berlin. Als wir dorthin zogen, kurz nach dem Fall der Mauer, befanden sich an den vier Ecken der Kreuzung eine Drogerie, eine Buchhandlung, eine Boutique und eine Videothek. Boutique und Buchhandlung haben inzwischen dichtgemacht, beide Läden stehen leer. Die Videothek hat sich gehalten.

Bei vielen Häusern bröckelt der Putz. Die Geschäfte, die noch nicht zugemacht haben, sehen oft nach Siebzigerjahre aus: »Offenbacher Lederwaren«, dass es diese Ladenkette noch gibt! In manchen Boutiquen, Uhrläden, Bestattungsunternehmen haben sie, seit wir hier wohnen, kein einziges Mal die Schaufensterdekoration geändert.

Das Berlin-Klischee – immer in Bewegung! – findet in unserer Gegend nicht statt. Morbide Grundstimmung, wie in Wien. Aber Wien verfällt prächtiger.

Es hat sich ausgeleuchtet im Westen. Dass der Osten verschwinden würde – sein Straßenbild, seine Gewohnheiten – verstand sich 1990 von selbst. Das wundert niemanden. Viele West-Berliner hatten erwartet, dass ihr gewohntes Biotop sich nun auf die Gesamtstadt ausdehnen würde. Aber der Sieger des Krieges, auch eines Kalten Krieges, ist nicht immer der Sieger des anschließenden Friedens. Mitte der Neunzigerjahre machte in West-Berlin das Wort »Verostung« Karriere. »Der Westen verostet!« Inzwischen sagt das niemand mehr. Dazu sieht der Osten, jedenfalls in weiten Teilen, viel zu schick aus. Verostung? Wäre doch klasse, wenn wir verosten!

Neulich war ich abends am Stuttgarter Platz, wo es Kneipen gibt, begleitet von einem Freund, der in Prenzlauer Berg wohnt. Er mag diese Gegend. Sie ist so ruhig, sagt er. Entspannt. Kaum Baustellen. Die Fahrt von Prenzlauer Berg nach Charlottenburg ist für ihn sozusagen eine Landpartie. Die Leute in den Kneipen sind fünfzehn Jahre älter als im Osten. Zwanzigjährige ziehen hier nicht hin.

Die Charlottenburger sind nicht arm, verglichen mit den Bewohnern anderer Bezirke. Aber eine geheimnisvolle Macht lässt die alten Geschäfte und die alten Theater und die Kinos verschwinden. Die gleiche geheimnisvolle Macht sorgt dafür, dass die Straßen und Bürgersteige nicht mehr so schnell und reibungslos repariert werden wie früher. Wenn die Charlottenburger in den Ostteil der Stadt fahren, dann sind sie plötzlich wie Leute vom Land, die staunend auf neuen Straßen vor neuen Geschäften stehen, sich über den heftigen Verkehr wundern, über die vielen Baustellen den Kopf schütteln und die Dynamik der Großstadt mit andächtigem Staunen zur Kenntnis nehmen. Dort, wo es lange keinen Kapitalismus gab, ist der Kapitalismus jetzt besonders frisch und unternehmungslustig.

Auf der kulturellen Verlustliste des Westens stehen die Filmfestspiele, das Schiller-Theater, die Freie Volksbühne, die Kudamm-Kinos Gloria, Kuli, Lupe und Lupe 2, demnächst das Olympia, dazu unzählige Galerien. Und wer macht im Westen schon noch irgendwas Neues auf? Bloß ein Trottel. Das Nachtleben findet im Osten statt, und das Berliner Rathaus steht im Osten, wie die Max-Schmeling-Halle und die neue Radsporthalle. Die Deutschlandhalle, in Charlottenburg, steht seit längerer Zeit leer.

Bald sind Wahlen. Die Partei, die im Westen Berlins bedeutend größeren Erfolg hat als im Osten, heißt CDU. Als westliche Lebensgefühls-Partei ist sie in Berlin das Gegenstück zur östlichen Lebensgefühls-Partei PDS. Die Versuchung für die CDU ist folglich groß, sich zum Sprachrohr der vagen Frustrations- und Deklassierungsgefühle ihrer vorwiegend westlichen Anhänger zu machen. Im Wahlkampf wird sie noch einmal die alte Freiheit-statt-Sozialismus-Platte auflegen. Ihr Wahlkampf wird sich voll und ganz auf die Furcht vor der PDS beziehen, ihrem Antipoden. Umgekehrt wird die PDS ihre alte »Die Wessis machen uns platt«-Nummer aufführen.

Beide, CDU und PDS, werden damit die Tatsachen auf den Kopf stellen. Der Bezirk mit der höchsten Arbeitslosigkeit heißt Kreuzberg und liegt im Westen. Und dass es sogar in Zehlendorf oder Steglitz vielen Leuten heute nicht mehr ganz so gut geht wie 1989, hängt nicht etwa mit dem Vormarsch des Sozialismus zusammen, sondern mit dem Sieg des Kapitalismus. Der Kapitalismus ist, anders als die meisten West-Berliner dachten, kein geborener Westler. Er hat viele Pässe, er mag das Junge und das Neue. Im Moment ist der Kapitalismus ein Ostler und bewohnt ein Penthouse in der Nähe der Hackeschen Höfe.

Manchmal, so lehrten im alten Osten die Marxisten, gibt es zeitliche Verschiebungen zwischen ökonomischer Basis und politischem Überbau. Manchmal macht der Überbau sich selbstständig. Im Moment haben wir in Berlin eine Basis-Überbau-Zeitverschiebung wie aus dem marxistischen Lehrbuch: Einerseits modernisiert sich die Mitte der Stadt rapide, sie ist ein Magnet für Talente aus allen möglichen Branchen. Andererseits sind die alten politischen Eliten aus West-Berlin noch immer an der Macht. Das müde Siebzigerjahre-Charlottenburg regiert, und in seinem politischen Schaufenster liegt seit Jahrzehnten das gleiche verstaubte Angebot. Wirkliches Leben und politisches Dekor passen nicht zusammen.

Die alten West-Berliner Eliten hatten immer von der

»Weltstadt Berlin« gesprochen. Jetzt, wo aus der Floskel Realität wird, haben sie allen Grund, erschrocken zu sein. Das alte West-Berlin war eine in sich geschlossene Welt der Cliquen und der Zirkel. Es war vor allem wichtig, dazuzugehören, und zwar seit möglichst langer Zeit. Es war reizvoll, in einer vom Leistungsdruck weitgehend befreiten Stadt leben zu dürfen. Im neuen Hackesche-Höfe-Berlin kommt es darauf an, in zu sein, das heißt: neu. Wichtig ist es, Erfolg zu haben, und zwar heute. Diese Haltung entspricht dem in Sonntagsreden so gerne beschworenen Zwanzigerjahre-Mythos von Berlin. Die Zwanzigerjahre waren wohl auch ziemlich ungemütlich.

Wenn in ein paar Wochen die Regierung nach Berlin kommt, werden die Dinge sich noch einmal beschleunigen. Es geht nicht etwa darum, noch ein paar Quoten-Ostdeutsche in die Reihen des Berliner Polit-Adels aufzunehmen, wie zu Beginn der Neunzigerjahre. Darüber ist die Stadt hinaus. Nein, es sind die Eliten aus ganz Deutschland, die Branche für Branche, eingeschlossen die Branche Politik, in diese Stadt einziehen. Die dreifache Sogwirkung Berlins – Machtzentrum, kulturelles Zentrum, größte Stadt – ist schon jetzt bis in die hintersten Winkel des Landes spürbar. Ob die schluffige alte West-Berliner Elite ihre Stellung in der Lokalpolitik behaupten kann? Noch weiß man es nicht. Kampflos treten sie wahrscheinlich nicht ab.

Die Auferstehung von West-Berlin als attraktiver Wohnort ist allerdings nur eine Frage der Zeit. Es war ja kein Zufall, dass sich im Westen die etwas feineren, etwas schickeren Viertel herausbildeten, wie in den meisten Weltstädten übrigens. Es hängt in Berlin mit der Nähe zu den Seen, zu Parks und Wäldern zusammen, damit, dass es am Rand der großen Stadt Platz gab für eine elegante, gelassene, intellektuelle Antwort auf die Hektik der Innenstadt. Zum Flanieren der Kurfürstendamm, zum Kaufen und Rennen die Friedrichstraße. An der Geografie der Stadt hat sich nichts geändert. Der Westen liegt noch immer in der Nähe der Seen und Wälder.

Das Nachtleben und die Zwanzigjährigen wird der Westen sich nicht zurückerobern. Aber die Erkenntnis, dass es in den westlichen Bezirken eine besondere Lebensqualität gibt, wird schon bald wieder um sich greifen: Wer zwanzig ist und nicht im Ostteil der Stadt wohnt, ist vermutlich ein Sonderling. Wer aber kleine Kinder hat und nach Prenzlauer Berg zieht, der muss verrückt sein. Fast alle tun es.

Der neue Westen wird lernen, sich in die neue, alte Geografie der Stadt einzufügen. Er hat seine Qualitäten, und er wird deshalb wieder leuchten. Irgendwann.

1999

Geschichte als Treppenwitz

Die 50. Berlinale hat ihr zentrales Thema gefunden, es ist die Treppe vor dem Berlinale-Palast. Inzwischen sind so viele internationale Filmstars, renommierte Filmkritiker und leidenschaftliche Filmfans auf nämlicher Treppe gestürzt, dass sie sich ohne Weiteres neben der Treppe von Odessa (»Panzerkreuzer Potemkin«!), der Spanischen Treppe in Rom (Fellini!) sowie der Wendeltreppe aus Hitchcocks »Vertigo« unter die unvergesslichen Treppen der Filmgeschichte einreihen kann.

Wie konnte es dazu kommen? Herr Debis erklärte vor einigen Jahren dem Architekten Renzo Piano, dass am Potsdamer Platz auch ein großes Filmfestival stattfindet.

»Film, aha«, sagte Herr Piano. »Ich war noch nie im Kino, ich komme einfach nicht dazu, *troppo lavoro*!« Herr Debis sagte: »Sie müssen da eine Treppe speziell für Filmstars entwerfen! Die sollen einen tollen Auftritt haben! Hauptdarsteller! Stars!«

Herr Piano nickte und sagte zu seiner Sekretärin:

»Besorg mir Kinokarten, Kleines. Ein Film von dem berühmtesten Regisseur der Welt, bitte!« Am gleichen Abend packte Herr Piano sein Geodreieck, seine Wasserwaage und seinen Sextanten ein, zum Abmessen, und schaute sich im Kino einen Filmstar an. Sie zeigten »E.T.«.

Der Potsdamer Platz hat eines mit dem alten Berlin gemeinsam, dem Berlin der Mauerzeit: Er ist geteilt. Früher gab es DDR und BRD, heute gibt es Debis und Sony. Genau wie bei der DDR und der BRD, so gibt es auch bei Debis und Sony Anhänger der einen und Anhänger der anderen Seite. Es gibt eine Debis-Identität und eine Sony-Identität. Statt einer Mauer verläuft zwischen den beiden Teilen ein innerstädtischer Highway.

Im Debis-Teil des Platzes gibt es Tafeln mit Orientierungskarten. Der Sony-Teil des Platzes kommt auf diesen Karten nur als eine graue Fläche vor, ohne Straßennamen, ohne Details. Genauso sah auf den alten DDR-Karten der Westteil von Berlin aus. Aber ein Pendant zu der Treppe, auf der alle Leute stürzen, hat es im alten Berlin nicht gegeben. Seien wir dankbar, dass die Sekretärin von Herrn Piano ihrem Chef keine Karte für »Jurassic Park« besorgt hat. Denn dann wären die Treppenstufen jetzt mindestens zwei Meter hoch, und unsere Probleme wären noch größer.

2000

Liebe, Gnade, Paradiso

Rudolf Thome hat einen zärtlichen, utopischen Film gemacht, über die Sehnsucht nach Familie. Unter »Familie« versteht er etwas anderes als, sagen wir, ein Familienpolitiker von der CSU. Für Thome bedeutet Familie: Aufgehobensein. Geborgenheit. Gemeinschaft. Klingt konservativ, aber Thomes Traumfamilie ist eine hochmoderne Patchwork-Konstruktion. Sie schlagen sich, beinahe kommt es zum Gruppensex. Den Familienpolitikern von der CSU kann »Paradiso« unmöglich gefallen.

Adam (Hanns Zischler) wird sechzig, ein erfolgreicher Komponist. Er hat ein Haus am See, eine junge Frau namens Eva und zwei kleine Kinder. Zum Geburtstag lädt er die wichtigsten Frauen seines Lebens ein. Es sind sieben. Drei davon hat er geheiratet. Eine ist Nonne geworden – Irm Hermann als Grenzgängerin zwischen Innigkeit und Sinnlichkeit. Außerdem hat er seinen Sohn aus erster Ehe eingeladen, den er seit dreißig Jahren nicht gesehen hat. Und seinen besten Freund, gespielt von Marquard Bohm.

Der Film handelt davon, wie aus dieser befangenen, eifersüchtelnden, zusammengewürfelten Menschengruppe im Verlauf einer sonnigen Sommerwoche eine harmonische Gemeinschaft entsteht – wodurch? Durch die Kraft der Liebe, durch Gnade vielleicht, der Film heißt schließlich »Paradiso«. Er spielt in freier Natur. Einmal finden die Kinder eine Schlange und lassen sie leben.

Eine Männerfantasie. Ein Harem! Ja, aber warum sollen die Männer keine Fantasien haben dürfen? Man kann »Paradiso« als eine Antwort auf »Das Fest« von Thomas Vinterberg verstehen, wo ebenfalls ein Familienpatriarch die Seinen zum Geburtstagsfest ruft. Während bei Vinterberg die Dämonen der Vergangenheit aus ihren Ritzen kriechen, siegt bei Thome der fromme Wunsch von heute über die Schuld von gestern. Die Personen scheinen aus der Zeit herauszufallen, sie werden mit wenig Psychologie ausgestattet, wie in Trance bewegen sie sich interessiert aufeinander zu. Aus vielen wird eins. Ein Paradies, ohne Eifersucht. Sex hat ohnehin nur der alte Herr, das macht die Sache leichter.

Der Himmel sind immer die anderen: »Paradiso« hat etwas Traktathaftes, das allerdings durch Ironie erträglich gemacht wird. Der verlorene Sohn ist Pazifist, trotzdem verprügelt er seinen treulosen Vater. Die Schlägerei verbessert das Vater-Sohn-Verhältnis deutlich. Gewalt ist manchmal doch eine Lösung.

Auch Rudolf Thome ist, wie seine Hauptfigur, der

Architekt, kürzlich sechzig geworden, und er bevölkert »Paradiso« mit den Darstellerinnen seiner früheren Filme – Cora Frost, Adriana Altaras, die wunderbare Sabine Bach aus »Berlin Chamissoplatz«. Uschi Obermeier fehlt leider; sie war zu teuer. Für Thome ist es die erste Teilnahme am Wettbewerb der Berlinale, in einem Jahr, in dem die älteren Herren des Jungen deutschen Films als Terzett antreten – Schlöndorff, Wenders und er. Vielleicht ist Thome am frischesten, weil er die alten Fragen stellt. Warum sind die Menschen nicht glücklicher? Was können sie tun, um glücklicher zu sein? Rudolf Thome gibt keine Ruhe, er sucht immer noch das Paradies auf Erden, und dafür muss man ihn lieben.

2000

Frösche und Zwerge

Die Welt birgt geheimnisvolle Zusammenhänge. Beweis: Während bei der Berlinale ein dreistündiger Film läuft, in dem es Frösche vom Himmel regnet, breitet sich in England eine Art Froschwahnsinn aus. »In England«, schreibt eine große deutsche Tageszeitung namens *Bild*, »versuchen sich Frösche mit Gummistiefeln, Gartenzwergen und Goldfischen zu paaren.« Sogar ein Annäherungsversuch an eine Ringelnatter wurde beobachtet. Aber wir kommen vom Thema ab.

Was ist ein guter Film? Oder ein schlechter?

Früher gab es Kriterien, eine regelrechte Poetik des Films, Kracauer und all das. Es gab Gurus, die einem sagten, wie ein Film gefälligst zu sein hat. Dann kam eine Zeit, in der es auf den politischen Inhalt des Filmes ankam. Auch vorbei.

»Es bleiben einem zu wenig Bilder im Kopf« (*Bild* über den »Talentierten Mr. Ripley«). »Statt kolorierter Postkarten zeigt er Bilder mit Brüchen und Rissen« (Die *Frankfurter Rundschau* über »Tropfen auf heiße

Steine«). »Der Film nervt vor allem, weil er den Geist des Publikums zu treffen scheint.« (Die *taz* über »Ausweitung der Kampfzone«.) »Hier wird einem nichts erklärt, aber glücklich macht das auch nicht.« (Die *Berliner Zeitung* über »The Making of a New Empire«.) »Will man nicht sehen.« (Die *Frankfurter Allgemeine* über einen Film, dessen Titel leider weder in der Überschrift noch im Text genannt wird.)

Von einem guten Film bleiben einem Bilder mit Brüchen und Rissen im Kopf. Es wird einem ein bisschen was erklärt. Aber den Geist des Publikums trifft ein guter Film nicht – auf keinen Fall. Die Filmkritik hat sich darauf geeinigt, dass ein guter Film dem Kritiker zwar durchaus Vergnügen bereiten, ihn sogar glücklich machen darf, aber der gute Film sollte keinesfalls das Gefühl vermitteln, er könne allen gefallen.

Das mit den Fröschen hängt mit dem Winterschlaf zusammen. Die englischen Froschmännchen sind aus dem Winterschlaf erwacht, putzmunter, kontaktfreudig und topfit, aber sämtliche Weibchen schlafen noch. Das Phänomen der Ungleichzeitigkeit, darüber gibt es zahlreiche Abhandlungen. Die Gartenzwerge dagegen sind wach. Frösche und Zwerge! Das sind Bilder, die einem im Kopf bleiben.

2000

Cocktail in Stalingrad

Reden wir über Stalingrad, über die *Süddeutsche*, über Moritz Rinke, im Grunde ist eh alles das Gleiche. Stalingrad gehört bekanntlich neben St. Pauli, Amsterdam und Pattaya zu den großen Sexmetropolen dieser Erde. Das weiß man seit Konsalik und seit Joseph Vilsmaier. Beim Vilsmaier gibt es diese tolle Szene mit Dana Vávrová, wo sie (mitten in der Schlacht!) in Strapsen auf dem Bett rummacht und den heranstürmenden Faschisten den dramaturgisch überraschenden Satz »Fick mich!« entgegenschleudert.

Auch in dem neuen Stalingradfilm von Jean-Jacques Annaud kommt es zu Liebesnächten an der Wolga, während im Hintergrund die Stalinorgeln ihr Lied singen. Am besten aber ist die Musik. Das pratzt dermaßen. Jeden Moment rechnet man damit, dass die drei Tenöre aus den Schützengräben steigen.

Mein Kollege Moritz Rinke hat vor ein paar Jahren der Konkurrenz ihr Stalingrad bereitet, als er bei der Berlinale einen einzigen Film zu besprechen hatte, einen nur, dieses unscheinbare staubbedeckte brasilianische Roadmovie. In seiner Kritik schrieb er, der Tollkühnheit die Spitze aufsetzend: Dieser Film wird den Goldenen Bären bekommen. So geschah es auch, unglaublich. Solch Maß an Prophetie galt der Fachwelt bisher als unübertreffbar, bis am Dienstag die *Süddeutsche* herauskam und – einen Tag vor Beginn des Festivals – bereits den Goldenen Bären kannte. Der Film »Traffic« von Steven Soderbergh, hieß es – in der Überschrift! im Feuilleton! –, sei »auf der Berlinale ein sicherer Sieger«. Ein sicherer. Sie haben nämlich in München vor ein paar Tagen ein Vierteldutzend Hellseher eingekauft.

Der Stalingradfilm hat fast so viel Geld gekostet wie der Russlandfeldzug, davon haben Tausende Babelsberger Proletarier monatelang ihren hungrigen Kindern Milch gekauft und ihren Gefährtinnen Strapse. So hat aus deutscher Sicht am Ende der Krieg doch noch einen Sinn gehabt. Aber welchen Sinn hat eine Berlinale, bei der man den Sieger schon am ersten Tag kennt? Es gibt ja auch kaum Partys heuer. Beim Stalingradfilm haben sie zu einem Cocktailempfang geladen – erst 180 Millionen ausgeben, und dann nur ein Cocktailempfang? Das Verschwinden der Partys führen Experten darauf zurück, dass es im neuen Berlin sowieso dauernd super Partys gibt, da muss man während der Berlinale nicht noch zusätzliche super Partys veranstalten. Berlin ist nämlich, verglichen mit München, ein sicherer Sieger.

2000

Der große Gleichmacher

England 1932. Eine Jagdgesellschaft, ein Schloss, feine Damen, feine Herren, vergifteter Whisky – und dann ein feiner Herr weniger. Der Inspektor von Scotland Yard bringt nichts auf die Reihe. »Gosford Park« ist scheinbar ein traditioneller Kostüm-Krimi, doch die Kamera baut sich in der Ecke auf wie einer der Domestiken. Sie schaut mit Dieneraugen.

Es sind schwierige Jahre für die Robert-Altman-Fans, schwierige Jahre für die Woody-Allen-Fans, und die Freunde von Werner Herzog haben es auch nicht leicht. Die alten Männer tun genau das, was sie immer getan haben, aber es gelingt ihnen nicht mehr alles. Etwas lässt nach. Die Genauigkeit? Es ist traurig. Robert Altman malt immer noch große, weit verästelte Milieuporträts mit ganz vielen Schauspielern und ganz viel Handlung, wie einst »Nashville« oder »Short Cuts«. Aber es kommt dann manchmal etwas heraus wie dieser Film über die Modebranche – wie hieß er noch gleich? Dieses fünf Stunden lange Teil mit Sophia Loren? Aber Altman, das beweist »Gosford Park«, kann es noch. Woody Allen kann es hin und wieder auch noch. Wenn man sieht, dass sie es hin und wieder doch noch draufhaben, ist die Freude umso größer.

Die Mitglieder der Jagdgesellschaft bringen ihr Dienstpersonal mit. Die Diener reden einander mit den Namen ihrer Herren an. Zwei Parallelwelten, in jeder gibt es eine eigene Hierarchie, besondere Regeln, Intrigen, feine Risse, die sich zu Abgründen verbreitern. Der Film spielt auch räumlich auf zwei Ebenen, oben und unten, wo die Küchen, die langen Flure und die Diensträume sind und am Licht gespart wird. Zu den Gästen gehören ein Paar, das vor dem Bankrott steht, ein verbitterter Kriegsheld, ein singender Filmstar und ein Filmproduzent aus Hollywood, der für sein nächstes Werk »Charlie Chan in London« recherchiert. Diese Rolle hat der reale Produzent von »Gosford Park« übernommen, Bob Balaban, der Mann mit den zweitabstehendsten Ohren der Welt, nach Dominique Horwitz. Unter den Dienern befindet sich ein aufsässiger junger Mann, der Einzige, der die Regeln ignoriert, Typus Aufsteiger. Die anderen Knechte hassen ihn dafür, dass er kein Knecht sein will.

Und dann gibt es den Mann, der nicht weiß, wer sein Vater ist. Da ahnt man, in welche Richtung die Handlung gehen wird. Denn der sexuelle Hunger ist in »Gosford Park« der große Gleichmacher, die einzige Brücke zwischen oben und unten. Im Sex drücken die Machtverhältnisse sich aus, aber die Triebe sind auch stark genug, um die Machtverhältnisse umzukehren. Der Film, der so sehr von diesem Thema handelt, enthält keine einzige Sexszene – nur flüchtige Berührungen und sekundenkurze, gierige Blicke. Die Macht ist auch dann brutal, wenn sie in zivilisierten Formen daherkommt: »Gosford Park« ist wunderbar frisch in seinem Hass auf die Klassengesellschaft und wunderbar altmodisch in der subtilen Art, diesen Hass auszudrücken.

Die Idee zu der Story stammt von Altman selber, zum ersten Mal hat er einen ganzen Film in England gedreht. Er führt ein britisches Ensemble, das es an Erlesenheit mit »Harry Potter« aufnehmen kann – Kristin Scott Thomas, Maggie Smith, Helen Mirren, Emily Watson, Michael Gambon, Stephen Fry als ein sehr komischer Inspektor. »Gosford Park« läuft im Wettbewerb außer Konkurrenz. Für jemanden wie Robert Altman ist es rufschädigend, an einem Wettbewerb teilzunehmen und nichts zu gewinnen. So viel Schonung hätte er nicht gebraucht. Nicht diesmal. Der schlechte Film hieß übrigens »Prêt-à-porter«.

2002

Kanzler, Gott, ein Clown

Irgendwann, die Eröffnungsparty der Berlinale war schon in vollem Gange, geschah das nie Dagewesene. Eine Stimme war zu hören. Von weit her, von ganz oben. Wer sprach da, und wo befand sich diese Person? Mein Gott, eine Rede! Konnte es sein, dass ER, der heimliche Adressat des katholisch inspirierten Eröffnungsfilms »Heaven«, sich zu einem Kommentar herausgefordert fühlte? Es war dann Wolfgang Thierse, der Bundestagspräsident.

Bei den Eröffnungspartys der Berlinale hat es nie, niemals Reden gegeben. Eine Berlinale-Eröffnungsparty bestand darin, dass eine große Menge von Menschen sich in ein Hotelfoyer drängte, mit großer Entschlossenheit das Buffet wegfutterte, ein bisschen über das Festival lästerte, den Eröffnungsfilm entsetzlich fand und am nächsten Morgen verkatert war.

Diesmal war fast alles anders als sonst. Seit zwei Jahren ist in erster Linie der Staat für das wichtigste Berliner Kulturereignis zuständig, nicht mehr die Stadt. Allmählich fängt man an, es zu spüren. Die kulturelle

Gesellschaft, die politische Gesellschaft sowie die üblichen Schnorrer wurden, statt in ein Hotel, in das erst vor Kurzem eröffnete Paul-Löbe-Haus gebeten. Im Paul-Löbe-Haus sind unter anderem Büros der Bundestagsabgeordneten untergebracht, die Innenarchitektur erinnert ein wenig an ein Turbinenhaus oder eine Druckerei. Das Paul-Löbe-Haus ist aber sehr groß und verfügt über eine lange, hohe Halle. Sozusagen die große Halle des Volkes. Genau gegenüber strahlt das Kanzleramt. Das Herz einer mittleren Macht.

Es sieht ziemlich imposant aus, wie es da im Licht der Scheinwerfer vor sich hin pocht. So also lautet das Signal, das von der 52. Berlinale ausgeht: Die Regierung drückt den deutschen Film an ihre Brust, sie nimmt ihn wichtig, sie betrachtet das Kino als eine Angelegenheit von staatspolitischer und repräsentativer Bedeutung, fast wie bei den Franzosen. Der neue Festivalchef, Dieter Kosslick, hat das Festival mit der deutschen Filmbranche versöhnt und eine neue deutsche Reihe eingerichtet, im Wettbewerb laufen mehr deutsche Filme denn je. Die Berlinale wird getunt und aufgebohrt und frisiert wie ein alter Ford Capri, sie soll etwas hermachen, auch wenn das Geld für einen Neuwagen nicht ganz reicht. Die Berlinale ist auch ein Symbol für die neue Bundes-Kulturpolitik, für das Selbstverständnis der Ära Schröder – diese Mischung aus Selbstbewusstsein und Protz, aus einer womöglich ehrlich empfundenen Nähe zu den Künsten und dem listigen Wunsch, die Künstler für das eigene Image zu nutzen. Sogar mehr Geld für die Filmförderung soll es geben.

Vom Festivalchef geht ebenfalls Signalwirkung aus – er ist charmant, witzig, ein Clown, er wird gemocht. Sogar sein drolliges Englisch finden die meisten Leute süß. Bei der Eröffnung hatte Gerhard Schröder gesprochen. Moderatoren waren die Schauspielerin Corinna Harfouch, eine der Ostdeutschen, deren Karriere nach der Wende fast bruchlos weiterging, und der Kameramann Michael Ballhaus, einer der Deutschen, die es in Hollywood geschafft haben. Musik kam von Meret Becker – eine junge Frau, aus Berlin, ein Symbol der Hauptstadt – und von der Rockgruppe BAP – alte Männer, aus Köln, ein Symbol für den Regionalismus. Der Proporz stimmte genau. So was dauert dann.

Dieter Kosslick redete Kosslickisch, die neue Sprache der Berlinale. Als etwas nicht ganz klappte, sagte er verschmitzt: »Oh, just another pen.« Er meinte Panne. Kosslicks weniger charmanter Vorgänger war wegen seiner sprachlichen Auffahrunfälle unaufhörlich kritisiert worden, wenigstens in dieser Hinsicht bewahrt das Festival eine gewisse Kontinuität. Aber Deutsch kann Kosslick tadellos.

Vor der großen Halle des Volkes wurden die Besucher streng gefilzt, ein mit sonderbaren Geräten bewaffneter Kameramann und ein Fotograf wurden wegen Terrorismusverdachtes zurückgewiesen. Aber das stellte sich als Irrtum heraus. Die Gäste schritten über eine breite Treppe hinab in den Saal, verfolgt von der Meute, den Kameraleuten und Fotografen. Wenn die Eröffnung des Jüdischen Museums vor einigen Monaten die konstituierende Versammlung der feinen neuen Berliner Gesellschaft gewesen ist – was war dann dies hier? Es war eine Verschmelzung, das alte Berlin mischte sich mit dem neuen, die Repräsentanten der Macht mit den Repräsentanten des Schrägen. Wolfgang Thierse neben Rosa von Praunheim.

Jürgen Trittin, ein paar Meter weiter Franka Potente, dazwischen Mutter Beimer im Gespräch mit Klaus Wowereit. Moritz de Hadeln, Kosslicks Vorgänger, hatte es vorgezogen, einen Termin in Teheran wahrzunehmen. Da ist immerhin schon fast Frühling.

Strenges Rauchverbot, auch neu. Unter Kosslick werden wir lernen, auf unsere Gesundheit zu achten. Ein sparsames Buffet, mit Currywürstchen »nach Art des Bundesrechnungshofes«. Na großartig, zum Lästern ist immer noch genug da. Am entgegengesetzten Ende spielten die »17 Hippies«, eine Weltmusikkapelle, sagt man, aber es hört sich auch nicht viel anders an als Klezmer. Die deutsche Nationalhymne, gespielt von einer Klezmerband – das wäre noch etwas, worauf man sich freuen kann. Im nächsten Jahr vielleicht.

2002

Kill Me if You Can

Die Kulturkritiker und Adornofans, die Amerikahasser und Hardcore-Alt-68er werden zumindest die Story lieben. Ein Fernsehstar als heimlicher Killer! Unterhaltung und Mord sind zwei Seiten derselben Medaille! Entertainment sucks and kills! Wir alle leben im Spaß-KZ und so weiter.

Der Film nimmt also das, was die Kulturkritiker seit Jahrzehnten nicht müde werden zu behaupten, und macht eine flotte Geschichte daraus. Nein, noch besser: Die Geschichte ist vielleicht sogar wahr. Eine gescheiterte Existenz namens Chuck Barris, ein Mann in den Dreißigern, der schon so manches erfolglos ausprobiert hat, wird von der CIA in den Sechzigerjahren als Agent und Auftragskiller unter Vertrag genommen. Der Zufall will es, dass in genau diesem Moment Barris' Fernsehkarriere abgeht wie eine Rakete. Barris wird ein berühmter Moderator und Produzent und viel beschäftigter Liebhaber.

Barris gibt es wirklich, er hat unter anderem das Original der Flirt-Show »Herzblatt« erfunden und die

»Gong Show«, bei der Dilettanten ein paar Sekunden oder Minuten lang als Entertainer auftreten dürfen, bis ihnen vom Publikum der Strom ausgeknipst wird. Sehr zynisch, sehr menschenverachtend. Aber die CIA gibt ihren Mitarbeiter Barris nicht etwa auf. Während der Liebesreisen der »Herzblatt«-Paare, unter anderem nach West-Berlin, macht der mitreisende Moderator nebenbei amerikafeindliche Elemente kalt.

Das, wie gesagt, soll passiert sein. Barris, der amerikanische Rudi Carrell, der im Nebenberuf angeblich 33 Leute umgelegt hat, bekam irgendwann eine – seien wir ehrlich: nicht gerade überraschende – Identitätskrise; er brach zusammen und schrieb seine Memoiren. War es so? Oder ist es nur die Wahnidee eines kranken Moderatorenhirns? Eine Wahnsinnsgeschichte ist es auf jeden Fall. Mit der immer besser werdenden Drew Barrymore. Mit einem Drehbuch von Charlie Kaufman (»Being John Malkovich«). In kleineren Rollen: George Clooney, Julia Roberts, Rutger Hauer. Beste Voraussetzungen. Wie kommt es, dass »Confessions of a Dangerous Mind« trotzdem nur mäßig fesselt?

Das Werk wird als »schräge Tragikomödie« angekündigt. Stimmt genau. Zwischen dem Tragischen und dem Komischen und dem Schrägen kann der Film sich leider nicht entscheiden. Er wechselt ständig seine Tonlage, so etwas klappt fast nie. Zuschauer im dunklen Kino sind wie kleine Kinder, sie möchten an die Hand genommen werden. Hier aber weiß man nicht genau, wie man sich fühlen soll. Vorsichtshalber fühlt man gar nichts.

Der Hauptdarsteller Sam Rockwell ist weder tragischer Held noch zynischer Antiheld, weder Sympathieträger noch Hassobjekt, weder Täter noch Opfer. Er ist von allem etwas – gewiss, so etwas gilt im Leben als der Regelfall, im Kino aber funktioniert es nur selten. Und die Regie? Sie stört durch Penetranz. Aufregende Schnitte, gewagte Übergänge, dichte dramatische Momente – das ist alles schwer okay. Aber es ist einfach zu viel. Zu viel zu wollen, nicht dosieren zu können: typische Anfängerfehler. Und dies ist ja auch ein Erstlingsfilm, die erste Regie des Schauspielerstars George Clooney. Nicht völlig misslungen. Und nicht wirklich gut.

2003

Kaukasier bin ich selber

Auch beim Lesen der Kritiken findet man schnell seine Lieblingsfilme, quasi platonisch. Mein platonischer Lieblingsfilm ist »Hero« von Zhang Yimou. Weil ihm vorgeworfen wird, dass er Sympathien für die chinesische Diktatur weckt. Ich liebe Filme, die so was tun. Ich mag es, wenn ich mich im Kino wie Jack the Ripper fühlen darf, oder auch wie ein 13-jähriges Mädchen mit Zahnspange. Deswegen geht man unter anderem ins Kino. Wegen des Perspektivwechsels. Wenn ich wissen will, wie die Welt aus der Sicht eines liberalen, langweiligen, im Grunde aber gutwilligen Kaukasiers mittleren Alters aussieht, brauche ich nicht ins Kino, das bin ich ja selber.

Kritiker, die einen Film daran messen, ob er mit ihrem Weltbild übereinstimmt, ob er also ihrer Ansicht nach »realistisch« oder »ehrlich« ist – solche Kritiker sind in ein chinesisches Volksgefängnis zu internieren. Mit hohen Geldstrafen sind Kritiker zu belegen, die einem Film formale Mängel vorwerfen und sonst nichts. Diese Kritiker sind stolz darauf, dass sie erkennen können, ob am Set das Licht stimmt. Ihr Stolz macht sie blind. Dieses Formalzeug ist natürlich wichtig, aber so mancher Film setzt sich gegen seine eigenen Mängel durch. Bei etlichen Sängern ist manchmal gerade das Gute, dass sie nicht »richtig« singen. Hildegard Knef, Tom Waits, Bob Dylan... mit Filmen ist es genauso.

Worauf kommt es also an? Nur darauf, ob man im Kino an die Lüge glaubt, die jeder Film für uns aufbaut.

2003

Stadt der Angst

Was wird der schwarze Regisseur und Antirassismuskämpfer Spike Lee dazu sagen, dass weiße Männer plötzlich einen seiner Filme loben? Vielleicht dies: Ihr lobt mich ja nur, weil in diesem Film drei der vier Hauptrollen von weißen Männern gespielt werden. Ihr lobt mich, weil die Rassenfrage nur ganz am Rand vorkommt. Ihr lobt mich, weil dieser Film so verdammt wenig mit dem echten Spike Lee und seinem Leben als schwarzer Künstler zu tun hat.

Ist es so? Ja, genau so ist es.

Spätere Generationen werden Spike Lees Biografie als Lehrmaterial verwenden können, dazu, wie nützlich für einen Künstler die Distanz sein kann und wie schädlich die Nähe. Lee hat 1986 »She's Gotta Have It« gedreht, eine schwungvolle Sexkomödie, und 1989 »Do the Right Thing«. Darin ging es um den Rassenkampf in den USA. Spike Lee deutete an, ließ offen, war zweideutig. Mit anderen Worten: Er war ein Künstler. Und »Do the Right Thing« war ein grandioser Film. Dann hörte Lee auf, Künstler zu sein. Er wurde Prophet. Er machte schwarzen Agitprop, viele Filme lang. »Malcolm X« zum Beispiel. Das war furchtbar langweilig. Spike Lees Talent wurde zur verblassenden Legende.

Jetzt ist er wieder da. Jetzt hat er endlich wieder einen grandiosen Film gemacht. Vielleicht deshalb, weil er endlich einmal nichts beweisen möchte. Weil er endlich einmal ratlos ist. Weil er einfach eine Geschichte über eine Stadt erzählt.

»25th Hour« erzählt wie damals »Do the Right Thing« die Geschichte eines Tages, unterbrochen von Rückblenden. Es ist der Tag der Wende im Leben des Drogendealers Monty, gespielt von Edward Norton. Monty ist Anfang dreißig, am nächsten Morgen muss er für sieben Jahre in den Knast. Bei einer Hausdurchsuchung haben sie in seinem Sofa etwas gefunden. Im Knast wird er wahrscheinlich zerbrechen. Er war noch nie dort, er war lange auf der höheren Schule, er führt ein bürgerliches Leben in einem guten Stadtteil. Er ist ein Edel-Dealer. Ein krimineller Dandy. Nicht unsympathisch. In der ersten Szene rettet er einem halb verbluteten Hund das Leben. Man ahnt schon, dass es ihm eines Tages so gehen wird wie diesem Hund.

Seine Freundin: eine 18-jährige Puertoricanerin. Vielleicht ist er ihre und sie seine große Liebe. Vielleicht war es sie, die ihn verpfiffen hat. Er weiß es nicht. Wie soll er sich von ihr verabschieden? Sein Vater: ein irischer Kneipenwirt, der rührend zu ihm hält. Seine besten Freunde: ein Broker und ein Englischlehrer. Sie stehen beide auf der Kippe. Der eine kämpft um seinen Job, der andere kämpft gegen seinen Trieb, der ihn unwiderstehlich zu einer 17-jährigen Schülerin zieht und somit in den Abgrund. Philip Seymour Hoffman, in Hollywood zurzeit der führende Spezialist für sexuell auffällige Charaktere, spielt das wieder einmal furchterregend perfekt.

Nicht viel passiert an diesem Tag. Außer, dass ein paar Leute mit ihrem Leben den Bach runtergehen. »25th Hour« vibriert wie ein cooles, dunkelblaues Jazzstück, getragen von einer Atmosphäre der allgegenwärtigen Bedrohung. Alle Personen laufen über sehr dünnes Eis. Man möchte in das Bild hineingreifen, sie am Arm packen und herausziehen, in die Sicherheit. Die Kamera hat den kalten Forscherblick. Die Rückblenden sind nicht gekennzeichnet, sie liegen wie Findlinge im Fluss der Handlung.

Aber woraus besteht die Bedrohung? »25th Hour« ist auch ein Porträt der Stadt New York, Spike Lees Stadt, wo das totale Glück und das totale Scheitern vielleicht wirklich näher beieinander liegen als an anderen Stellen des Planeten. Es ist aber das New York nach dem 11. September 2001: das erste Porträt des getroffenen, seiner selbst nicht mehr ganz so sicheren New York. Anspielungen auf den Anschlag durchziehen den Film, ohne sich aufdringlich in den Vordergrund zu spielen. Der Broker hat ein Apartment mit Blick auf Ground Zero. In einer Szene steht er mit dem Lehrer da, beide trinken Flaschenbier, sie schauen auf die kahl rasierte Stadtwunde, sie reden darüber, ob man hier wegziehen sollte, und über ihren Freund, der sehr bald tot oder kaputt sein wird.

Es ist ein Film über die Angst. Sie hat keinen Namen.

Der Dealer steht vor dem Spiegel, im Klo. Und er rappt eine Liebeserklärung an New York, die indirekteste Liebeserklärung der Filmgeschichte. Fuck you! Ihr kotzt mich an, ihr Weißen, ihr Neger, Pakistanis und Itaker, Juden und Puertoricaner! Mein Vater kotzt mich an, meine Freunde, meine Geliebte, ich selber, alle. Es fügt sich zu einer Art Liebeserklärung. Nur Städte wie New York oder Berlin halten diese Art von Liebe aus.

Dann lässt er sich von seinem Freund, dem Broker, zusammenschlagen, damit er nicht mehr so geschniegelt aussieht, wenn er im Knast ankommt. Aber der Freund gerät aus den besten Absichten in einen Blutrausch. Alles gerät immer wieder außer Kontrolle in diesem Film, der als einer der ersten von einem Amerika handelt, das die Welt da draußen nicht mehr versteht, einem Land, das vorm Spiegel große Töne spuckt und sich im Dunkeln ratlos vorwärtstastet, Richtung Gewalt, ohne die leiseste Ahnung, was es hinter dem Vorhang erwartet.

2003

In letzter Sekunde

Gestern habe ich Powerwalking gemacht, zusammen mit Knut Elstermann. Das ist einer der bekanntesten Berliner Filmkritiker. Knut Elstermann sah aus, als ob er gerade mithilfe von drei Schachteln Marlboro und zwei Flaschen Eckes Edelkirsch die Weltmeisterschaften im Dauermoderieren gewonnen hätte und anschließend mit Bleigewichten an den Füßen durch den Gelben Fluss geschwommen wäre. Ich sah übrigens genauso aus. Wir rannten schweigend in Richtung Festivalpalast. Das ist ein interessantes Naturphänomen: Egal, wann man zu Hause aufbricht, man kommt erst in allerletzter Sekunde zum Morgenfilm.

Wenn du total hektisch um 8 Uhr 40 aufbrichst, dauert der Weg 19 Minuten und 59 Sekunden. Wenn du in aller Ruhe schon um 8 Uhr 20 gehst, dauert es genau 39 Minuten und 59 Sekunden.

Dann rannte Knut Elstermann mit rasselndem Atem nach links, und ich rannte hustend nach rechts. Der Film fing an, ein typischer Neun-Uhr-Film der Berlinale. Eine Frau stürzte sich aus Verzweiflung von einem Felsen, ein Baby starb, eine Familie erstickte. Männer mit Gewichtsproblemen, Krebs, schlechter Haut und fettigen Haaren kratzten sich im Schritt, furzten und tranken abwechselnd Bier und Urin. Dass wir uns nicht missverstehen – der Film war ziemlich gut. Es ist nur so: Wenn du aus dem Bett hechtest, auf nüchternen Magen Powerwalking machst und danach einen Urintrinkerfilm siehst, hast du es schwer, mit positiven Vibrationen in den Tag reinzukommen. Mehr will ich gar nicht gesagt haben.

Was ist überhaupt Kino? Es gibt dazu eine berühmte Definition von François Truffaut. Sie lautet, wenn ich mich recht erinnere: »Kino ist, wenn müde Männer unschöne Dinge tun.«

2003

Bei uns haben die Huren alle Abitur

Wer ist Fidel Castro? Oliver Stone, Chronist amerikanischer Obsessionen, hat dreißig Stunden lang mit Castro gesprochen und daraus einen neunzigminütigen Dokumentarfilm gemacht, »Comandante«. Zu Beginn heißt es in einer alten Wochenschau, der neue kubanische Machthaber, erst 32 Jahre alt, sei offenbar »ein Idealist«. Stone kommt 43 Jahre später zu dem gleichen Schluss. Vielleicht hat er recht. Castro scheint kein Zyniker zu sein, sondern ein Mann, der an seine eigenen Lügen glaubt und deshalb sympathisch wirkt, egal, was man politisch von ihm hält. Die Grundlagen von Fidels Mythos glaubt man in diesem Film ziemlich schnell zu verstehen, er hängt nicht nur mit dem Sexappeal der Karibik und der Guerilla zusammen, sondern auch mit dem überdurchschnittlichen Charme, der Intelligenz und Bescheidenheit des Comandante.

Der alte Herr hat etwas Kauziges, Waldschrathaftes, er besitzt Humor, redet gern mit vollem Mund und geht inzwischen schon ein bisschen hüftsteif. Sympathisch an Castro ist auch seine Offenheit: »Ich gebe zu, ich bin ein Diktator.« Genau gesagt ist er eine historische Sonderform des lateinamerikanischen Politikertypus »Caudillo«, populärer Führer. Null Prozent Demokratie, hundert Prozent Charisma. Stone hat einen romantischen Blick auf ihn. Castro sieht bei ihm aus wie eine Romanfigur von García Márquez, vor allem, wenn er sich am Bart kratzt und sagt: »Bei uns in Cuba haben sogar die Huren alle Abitur.«

Der Film zitiert in Bild und Ton immer wieder Evita Perón, sozusagen Fidels weibliches Alter Ego. Schöne Momente: Wenn Castro vorführt, wie er in seinem Arbeitszimmer spazieren geht, immer rund um den Konferenztisch. Wenn er über seinen Filmgeschmack spricht (»Titanic«, »Gladiator«, Gérard Depardieu, Sophia Loren) und über die Regel Nummer eins in seinem Privatleben (Plaudere niemals über deine verflossenen Liebesgeschichten!). In seinem Arbeitszimmer hängt ein Foto von Hemingway. Am Handgelenk trägt er eine billige Digitaluhr. Seine Uniform glitzert wie ein Weihnachtsbaum. Einmal quetschen sich Stone und Castro zusammen auf den Rücksitz von Castros Mercedes, machen Jungs-Witze, und Stone fuchtelt mit Castros Pistole herum. Ob er überhaupt noch wisse, wie die Knarre funktioniert? Ich würde mich bei Bedarf schon erinnern, feixt Castro.

Zum Schluss umarmt Castro jedes einzelne Mitglied von Stones Team. Ganz fest. Es ist richtig rührend. O ja, man kann Oliver Stone vorwerfen, dass er einen unpolitischen politischen Film gemacht hat. Er ist fixiert auf das Anekdotische, Exotische, er lässt seinem Helden alles durchgehen. Der Comandante ist mehr als einmal über Leichen gegangen und hat, als er mal so richtig verärgert war, den Russen einen atomaren Angriff auf die USA empfohlen.

Stone widerspricht Castro nicht, aber auch er hat seine schmutzigen Tricks. Castro sagt: »Normalerweise bin ich sehr selbstkritisch« und schwärmt anschließend weitschweifig von den Errungenschaften der Revolution. Stone unterlegt Fidel Castros Eigen-Eloge mit dem Song »Don't Cry for Me, Argentina«. Nur einmal sieht es einen Moment lang so aus, als verliere der Comandante die Fassung. Oliver Stone fragt ihn: »Haben Sie eigentlich jemals daran gedacht, sich bei einem Psychiater in Behandlung zu begeben?« Castro schweigt. Dann sagt er: »Nein. Nie.«

2003

Generation Viagra

Ein reicher geiler alter Sack (Plattenboss, 62) und seine neueste Eroberung (Ende zwanzig) wollen sich im Wochenendhaus auf Long Island amüsieren. Aber der Sack kriegt einen Herzanfall. Zu viel Viagra. Als Rekonvaleszent verliebt er sich, stark widerstrebend, in die Mutter seiner Freundin (berühmte Autorin, Ende fünfzig). Dieser wird gleichzeitig vom Notarzt des Viagraopfers (35) heftig der Hof gemacht.

Ein bisschen schlüpfrig, ein bisschen konstruiert, ein bisschen banal. Am Ende kommt zusammen, was zusammengehört. Das weiß man ja.

»Something's Gotta Give« – deutsch: »Was das Herz begehrt« – ist trotzdem ein überraschend guter Film, den die Berlinale außer Konkurrenz zeigt. Hübsche Dialoge. Esprit. Witz. Timing. Alles funkelt. Regie und Story: Nancy Meyers, die für kommerziell erfolgreiche, aber nicht sonderlich risikofreudige Drehbücher wie »Schütze Benjamin« und »Vater der Braut« bekannt ist. Kamera: Michael Ballhaus. Über weite Strecken aber gehört der Film ganz und gar seinen Hauptdarstellern.

Sie scheinen Nancy Meyers für ein paar Drehtage entmachtet zu haben und genehmigen sich eine Großaufnahme und eine klassische Hauptdarsteller-Lieblingsszene nach der anderen. Todesangst, Weinen, Lust, Verzweiflung, Verliebtsein – das ganze Kaleidoskop, als würden sie ein Lehrvideo für die Schauspielschule produzieren. Als wollten Jack Nicholson und Diane Keaton eine Bilanz ihrer Karriere ziehen: der ironisch gebrochene Macho und die Großstadtneurotikerin. Sie zitieren ihre alten Filme. Das macht Spaß. Es ist bester Mainstream. Wichtiger ist etwas anderes.

»Something's Gotta Give« handelt von den sexuell aktiven Alten und von einem veränderten Frauenbild. Der ältere Herr mit der jungen Geliebten ist ein gut erforschtes Phänomen, jetzt endlich sind auch die Frauen über fünfzig kein Neutrum mehr. Sie haben in ihrem Job Erfolg, begehren junge Männer und besitzen auch nach den Wechseljahren einen Unterleib. So etwas war im amerikanischen Mainstream-Kino lange tabu, aber Hollywood zeigt wieder einmal seine Lernfähigkeit und seinen Instinkt für neue Stimmungen.

Keaton hat, angeblich zum ersten Mal, eine Nacktszene und macht mit dem jungen Arzt Liebesurlaub in Paris. Nicholson zeigt ausgiebig seinen Arsch. Beide sehen dabei keinen Tag jünger aus, als sie sind. Nicholson wirkt, wenn man mal ehrlich ist, aufgedunsen und heruntergekommen, Keaton ist mindestens so verwittert wie Clint Eastwood. Trotzdem glaubt man beiden ihren Sexappeal. »Something's Gotta Give« feiert die

Erotik des Alters, eine Erotik, die ihre Anziehung nicht mit den Körpern begründet, sondern mit etwas anderem.

Der Film ist dabei klug genug, das Altern nicht platt zu verherrlichen. Er zeigt auch Verfall, Ängste, Torschlusspanik. Die Alten sind hier weder weise noch lächerlich. Sie sind genauso wie junge Leute, nur eben mit Erfahrungen und Falten.

Einer so liebenswerten Komödie verzeiht man es gerne, wenn sie zu viele Viagra-Witze macht und im letzten Viertel etwas, äh, abschlafft. Stars wie Keanu Reeves und Frances McDormand leistet man sich hier für Nebenrollen. McDormand hat zwei, drei hinreißende Auftritte als Dozentin für feministische Studien. Reeves gibt den Arzt, den Nebenbuhler von Nicholson. Er hat hauptsächlich gut auszusehen. Dass er bescheiden den Teppich ausrollt für Nicholson und Keaton, legt den Schluss nahe, dass Reeves auf eine Karriere als »Matrix«-Actionheld keinen Wert legt. Noch eine gute Nachricht: Keanu Reeves will nicht Held werden, sondern Schauspieler bleiben.

2004

Kritik der Pappe

Wenn ein Kritiker über einen Film sagt: »Der ist wirklich ärgerlich«, gehe ich meistens rein. Der betreffende Film besitzt offenbar die Kraft, Emotionen zu wecken. Vielleicht mag ich ihn, oder ich ärgere mich ebenfalls, das ist dann auch okay. Nur mittelmäßige Filme sind richtig furchtbar. Über »Cold Mountain« sagten alle: »Mittelmäßig.« Ich bin lieber in »Folle Embellie« mit Miou-Miou und Jean-Pierre Léaud gegangen. Grauenhaft, wenn Sie mich fragen.

Ob einem ein Film gefällt oder nicht, hängt oft mit Sachen zusammen, die man nicht schreiben kann. Biografische Sachen. Ich kann nicht schreiben: »Die Hauptdarstellerin redet genau wie P., an die ich mich ungern erinnere, da war ich von Anfang an gegen den Film.« Wenn man sich als Kritiker auskennt, findet man immer was, worauf man den Ärger schieben kann, Drehbuch, Kamera, so was.

Dabei sind perfekte Filme so langweilig wie perfekte Menschen. Perfekte Filme finde ich zum Gruseln wie die blonden Alien-Kinder in diesem Horrorfilm.

In »Confidences trop intimes« sieht der Hauptdarsteller aus wie Berti Vogts. Dann trat ein geldgieriger Psychoanalytiker auf. So einen kannte ich mal! Ein Meisterwerk.

Filmeschauen ist im Grunde wie Sichverlieben. Wenn es einen erst mal erwischt hat, sind einem körperliche oder charakterliche Mängel egal. Zum Beispiel »Before Sunrise« von Richard Linklater. Einer der vier oder fünf schönsten Liebesfilme, die ich kenne. Spielt in Wien. Nach der Pressevorführung sagte jemand: »Das Wien in dem Film ist total klischeemäßig.« Stimmt. Aber was soll das? Linklater macht einen der besten Liebesfilme, und so ein Jemand wirft ihm vor, dass er den Facettenreichtum des modernen Wien nicht soziologisch korrekt widerspiegelt? Ist diesem Jemand klar, wie unterirdisch schlecht die Kulissen in »Casablanca« gebaut waren? Da sah man doch auf den ersten Blick die Pappe.

2004

Big Art

Wenn Sie mich fragen: »Na, was ist denn so der Trend im Weltkino der Gegenwart?«, dann antworte ich: »Paare, die sich Gemeinheiten sagen.« Diese Berlinale ist eine Werbeveranstaltung fürs Single-Dasein. Wenn das alles ins Kino kommt, werden noch weniger Kinder geboren und noch weniger Renten ausgezahlt.

Im Romuald-Karmakar-Film heißt es: »Wir haben keine Arbeit und kein Geld.« Der Mann verdient gar nichts, die Frau ist im Mutterschutz. Sie leben allerdings zu dritt in einer schätzungsweise 160-Quadratmeter-Altbauwohnung in Berlin-Mitte, im Flur stehen teure Fahrräder.

Sie will Party. Er will immer nur lesen. Wahrlich eine ausweglose Tragödie.

Den Karmakarpaarzerfleischungsfilm habe ich in einer Gruppe von Spaniern gesehen, die pausenlos lachten. Einer sagte zu mir: »This man wants big art. But cannot do so.« In dem Film wirst du als Zuschauer verstrindbergt und veribsent nach Strich und Faden.

Er kommt mit der gleichen hochnäsigen Bedeutungshuberpose daher wie einst die Werke von Straub/Huillet. Filme können arrogant sein, wie Menschen. Aber die Kritiken in den meisten Zeitungen waren relativ positiv. Galt die Berlinale nicht immer als ein besonders gnadenloses Pflaster, besonders für deutsche Filme?

In der Pressekonferenz sagte der Regisseur, Kritiker, die seinen Film nicht mögen, hätten zu viel amerikanischen Mist gesehen. Klar. Wer zu viel Woody Allen gesehen hat, ist für »Die Nacht singt ihre Lieder« verloren. Im Fernsehen sagt der Regisseur später: Der Film sei humorvoll gemeint. Somit hätten wir die erste Komödie der Welt, die mit einem Selbstmord endet.

Es gibt die in Deutschland relativ verbreitete These, dass alles, was sich der Gefälligkeit verweigert, deswegen automatisch ein Kunstwerk sein muss. Lange Einstellungen, Dunkelheit, Düstermusik, ernste Mienen – das muss Kunst sein. Dabei kann es sich doch auch einfach nur um Bullshit handeln.

2004

Völkerkunde

Die Berlinale steht wieder mal ganz im Zeichen des *politisch korrekten* bzw. *engagierten* Films. Der erste korrekt engagierte Film lief gleich zu Beginn, es ging um Pygmäen. Beim engagierten Film muss man allerdings darauf achten, dass man nicht zu dick aufträgt. Ein bisschen Pygmäenfreundlichkeit ist für einen Film gut, zu viel Pygmäenfreundlichkeit ist für einen Film schlecht; dies ist die erste Lehre des Festivals.

Darf man das überhaupt sagen – Pygmäen? Eskimo sagt man ja auch nicht mehr, korrekt heißt es »Ennui« oder so. Viele Filmkritiker wussten nach der Vorstellung nicht, ob sie in ihre Kritiken nun das Wort »Pygmäe« hineintun dürfen oder besser eine Umschreibung.

Um Verwirrung zu stiften, lief ich umher und sagte: »Korrekt heißt es Pykniker. Pygmäe ist ein Naziwort.«

Über ein bestimmtes anderes Volk kann man überhaupt keine Filme mehr machen, es ist sprachlich zu kompliziert. Ein Teil dieses Volkes sagt, der Volksname

»Zigeuner« für ihresgleichen sei rassistisch, während der andere Teil des gleichen Volkes mit dem gleichen Nachdruck erklärt, die Bezeichnung »Sinti und Roma« sei herabsetzend, »Zigeuner« dagegen völlig okay. Wenn man sichergehen möchte, diese Menschen nicht in ihrer Ehre zu verletzen, nennt man sie am besten »Das Volk, das über seinen Namen diskutiert«.

Es heißt immer: Internationale Stars müssen her, sonst taugt eine Berlinale nichts. Ich habe die Fotos von Goldie Hawn gesehen, einem der ersten Stars, die angekommen sind. Goldie Hawn sieht aus wie Udo Lindenberg, dicke Sonnenbrille, dicke Haarmatte, dicke Oberlippe. Nur ohne Hut. Es könnte auch eine Doppelgängerin sein. In diesem Jahr können wegen der unmittelbar bevorstehenden Oscar-Verleihung nämlich nur wenige Originalstars aus den USA kommen.

Ich bin alt und kann mich an vieles erinnern. Kurz nach dem Krieg führte man die »D-Mark« ein, die »Demokratie« und den »Goldenen Bären«. Aufgrund alter Gewohnheiten hob der Goldene Bär die rechte Pfote zum Gruß. Dies fiel vielen ausländischen Berlinale-Besuchern auf. Pygmäen sind klein. Deutsche heben die rechte Hand. Zigeuner wissen nicht, wie sie heißen. 1961 wurde die Pfote des Bären tatsächlich offiziell ausgetauscht. Seitdem grüßt er mit links, unter anderem deshalb kam es zu »1968«.

2005

Wowis Botschaft

Bei der Eröffnung stand ich draußen im Regen, vor dem Berlinale-Palast, und betrachtete die Garderobe der Promis. Höhepunkt der Veranstaltung war der Auftritt von Mutter Beimer, die sich in den Original-Umhang von Bela Lugosi aus dem Film »Dracula« gehüllt hatte. Einige Ehrengäste wollten vom Roten Teppich partout nicht Abschied nehmen, am extremsten in dieser Hinsicht war eine Chinesin, die außer künstlichen Wimpern praktisch nichts anhatte. Ich dachte: »Wegen der Chinesin muss Kosslick gleich die Feuerwehr rufen, freiwillig geht die nicht von den Fotografen weg.« Dann erfuhr ich, dass sie Jurymitglied ist, sie habe in »Star Wars III« gespielt, den ich leider verpasst habe, und sei das Playmate im nächsten *Playboy*.

Außerdem gehört der Modeschöpfer Cerruti zur Jury, von dem der Satz überliefert ist, dass er so viele Kunstfilme nur aushalten kann, indem er schon früh am Morgen beginnt zu trinken. Nächstes Jahr sitzt wahrscheinlich die Filmexpertin Gina Wild in der Jury.

Bei der Eröffnung gibt es oft Demos. Auch diesmal standen Leute mit einem Transparent herum. Es stand »Urlaubsfreiheit« darauf. Eine der Demonstrantinnen sagte: »Wir sind eine Firma, die sich um Rundum-Urlaubsorganisation kümmert. Wir gießen sogar die Blumen.« In diesem Land gibt es fünf Millionen Arbeitslose, und vor dem Berlinale-Palast demonstrieren sie für das Grundrecht einer deutschen Geranie, regelmäßig gegossen zu werden.

Die Eröffnung selbst war langweilig. Dieter Kosslick und ein Mensch, den er als »Wowi« vorstellte, standen auf der Bühne und redeten über Filmförderung. Wenn Sie eine Party haben und die Gäste wollen nicht gehen – fangen Sie einfach ein Gespräch über Filmförderung an. Ich dachte: »Wowi, das klingt ja wie ein Hundename.« Wowi sagte, Berlin sei sehr beliebt, auch im Ausland. Außerdem wurden draußen Extrablätter der *Bunten* verteilt, auch dies ein Novum. Es hieß darin, Berlin sei besser als Hollywood.

2005

Alte Schachteln

Martina Gedeck möchte in einem Interview mit der *Zeit* ihr Alter nicht nennen. Martina Gedeck tritt, mit sexueller Ausstrahlung versehen, in der Romanverfilmung »Elementarteilchen« auf. Im Internet findet aber jeder, der sich dafür interessiert, innerhalb von zehn Sekunden den Geburtstag von Martina Gedeck heraus, es ist der 14. September 1961. Dass jemand ein Problem damit haben könnte, 44 Jahre alt zu sein, finden wir drei alten Schachteln – Meryl Streep, Hannelore Elsner und ich – total süß. Wir drei sind nämlich auch mit weit über 44 noch gut im Geschäft und strahlen alles Mögliche aus.

Eine sexy Alterserscheinung ist zum Beispiel der Tränensack. Männer mit sexy Tränensäcken: Robert Mitchum. John Hurt. Jean Reno. Marquard Bohm. Frauen mit sexy Tränensäcken: Anna Magnani. Annie Girardot. Renan Demirkan. Beim Anblick von Tränensäcken denkt der Betrachter, dass die betreffende Person jahrzehntelang ihren Nachtschlaf vernachlässigt hat. Diese Aura lädt zu weitschweifenden, die Attraktivität fördernden Fantasien über das nächtliche Verhalten der jeweiligen Person ein. Es gilt aber als erwiesen, dass Robert Mitchum nachts ununterbrochen getrunken hat, dass Horst Tappert immer zeitig zu Bett geht und dass Renan Demirkan in jeder Nacht bis zum Morgengrauen antirassistische Resolutionen unterzeichnet. Auch Tränensäcke können lügen.

Eine sexy Geistesstörung heißt »Autismus«. Als ich den Eröffnungsfilm sah mit Sigourney Weaver als Autistin, kamen mir all die Filme meines Lebens in den Sinn, in denen Schauspieler mit Armen und Zunge komische Bewegungen gemacht haben, Jodie Foster in »Nell«, Leonardo DiCaprio in »Gilbert Grape«, Russell Crowe in »A Beautiful Mind«, Robert De Niro in »Zeit des Erwachens«, ich könnte stundenlang aufzählen. Geisteskrankheit ist wie ein Tränensack, man will sie nicht direkt bekommen, aber wenn man sie erst einmal hat, wirkt sie unglaublich attraktiv. Deswegen werden während der Berlinale sorgfältig ausgewählte, besonders alte, besonders geisteskranke Kolumnisten beschäftigt. Martina Gedeck muss vor dem Alter wirklich keine Angst haben.

2006

Drei Hunde auf dem Dach

George Clooney wird in »Syriana« gefoltert. Ein Araber reißt ihm mit der Zange die Fingernägel heraus und schreit, er soll verdammt noch mal die verdammten Namen nennen. Aber niemand, kein Zuschauer, auch nicht George Clooney selber, weiß, von welchen Namen dieser Araber überhaupt redet. Vermutlich weiß es nicht einmal der Araber selber. In der Redaktion hat die Chefin eine Flasche Champagner ausgeschrieben, für diejenige Person, die erklären kann, welche Namen gemeint sind. Ich denke mal, »Syriana« ist gar kein Politthriller, sondern eine Metapher auf die Kompliziertheit des modernen Lebens.

Ein anderes Schwerpunktthema der Berlinale lautet »Traumfrauen«. Ich habe deshalb die *Gala* gelesen. Zum Beispiel war mir nicht bewusst, dass Traumfrau Charlize Theron lange Zeit ein Dachgeschoss in Wilmersdorf gemietet hatte, 350 Quadratmeter, Miete 17 000 Euro, sie habe aber nicht herausgefunden, ob kalt oder warm. Charlize Theron ist trotz ihres Ruhms total natürlich geblieben, *down to earth* in Wilmersdorf (eine andere Schriftart wird im Journalismus verwendet, damit Leser, die sich mit Sprachunterschieden nicht so gut auskennen, merken, dass dies jetzt eine andere Sprache ist). In der *Gala* erzählt der Makler von Charlize Theron, dass sie immer ihre Mutter, ihre drei Hunde und ihren einen Freund dabeihat und keine Lust verspüre, die drei Hunde in Wilmersdorf vor allen Leuten Gassi zu führen. Deswegen wurde das Dach des Hauses komplett in einen Garten verwandelt, auf dem dann die drei Hunde von Charlize Theron ihre Bedürfnisse verrichteten. Die Mutter und der Freund sind mit ihren Bedürfnissen wahrscheinlich woandershin gegangen. Außerdem gab es mindestens zwei Personen, deren Job nur darin bestand, ständig neue Bilder in der Wohnung aufzuhängen. Für Charlize Theron ist Bilderverbot kein Thema.

2006

Die Nackten und die Zoten

Helmut Dietl dreht einen Spielfilm über die »Harald Schmidt Show«, Harald Schmidt spielt darin sich selber: So könnte eine Übersetzung des Prinzips von »A Prairie Home Companion« ins Deutsche aussehen. Garrison Keillors gleichnamige Radioshow läuft seit den Siebzigern jede Woche und wird von Millionen gehört, ein amerikanisches Denkmal. Keillor sieht aus wie ein älterer, etwas verlotterter, zwei Meter hoher Bill Gates, nebenbei schreibt er Essays, Romane und solches Zeug, zum Beispiel für die *New York Times*. Er nennt sich: Die schnellste Feder des Mittleren Westens. Keillor ist ein, so seltsam es klingt, volkstümlicher liberaler Intellektueller aus dem Herzland, dem Mittleren Westen, es liegt nahe, dass sein Humor ins Absurde tendiert.

Betet für Regen, sagt Keillor, aber haltet die Scherze trocken. Robert Altman, achtzig Jahre alt, der Regisseur von »Nashville« und »Short Cuts«, bearbeitet gerne amerikanische Mythen, besonders gerne tut er dies, wenn in den Mythen Musik vorkommt. Keillor und Altman sind also wie füreinander gemacht. Es ist ein schöner, warmer, witziger Film geworden.

Radioshows dieser Art gibt es bei uns nicht. Keillors Show besteht aus dem Moderator, der zwischen den Nummern selbst erfundene, gereimte und gesungene Werbespots von sich gibt, aus Livemusik, einem Geräuschemacher und einem festen Typenrepertoire, zum Beispiel zwei Cowboys und einem älteren Damenduett. Das Ganze findet live im Fitzgerald Theatre statt, in Saint Paul, Minnesota, vor einem fast ausschließlich weißen Publikum. Dort spielt auch der Film. Altman lässt einige Typen aus der Show sich selber darstellen, vor allem natürlich Keillor, andere Rollen sind mit Meryl Streep, Lily Tomlin, Woody Harrelson, Kevin Kline oder Tommy Lee Jones besetzt.

Keillor selbst hat ein lockeres Drehbuch gestrickt – ein Investor hat das Theater gekauft, will an dessen Stelle ein Parkhaus errichten, letzte Vorstellung. Ein blonder Todesengel geht um, denn einer der Showveteranen wird heute sterben, während er, zwischen zwei Auftritten, entblößt in seiner Garderobe auf die Liebesdienste der alterskrummen Sandwichverkäuferin wartet, so, wie beide es seit Jahrzehnten gewohnt sind. Wirklich dazuerfunden aber hat Keillor angeblich nur den Charakter des Teenie-Stars Lindsay Lohan, die im Film die Tochter von Meryl Streep darstellt, ein – vermutlich scheiternder – Versuch, die Geschichte für jüngeres Publikum attraktiv zu machen.

Der Film lebt, auch dies klingt sonderbar, hauptsächlich von seinen Texten. Einmal muss Keillor minutenlang Jazz reden, die Assistentin hat sein Manuskript verbaselt, er improvisiert also, zum Teil singend, über das Wort »Isolierband«. In diesem Moment begreift jeder den versunkenen Zauber des Radios. »A Prairie Home Companion« ist so liebenswert, so widerstandslos dahingleitend, dass ich mich hin und wieder nach Unnostalgischem gesehnt habe, nach einem anderen Ziel als dem, noch ein paar Jahre weitermachen zu dürfen mit dem, was man gut kann und immer getan hat. Robert Altmans 37. Werk hat etwas von der heiteren Resignation alter Männer, die auf Parkbänken sitzen und Butterbrot essen.

Das Derbe und die Zote sind Keillor, wie älteren Herren im Allgemeinen, natürlich nicht fremd. Trifft ein Elefant einen nackten Mann. Der Elefant schaut sich den Mann genau an, dann sagt er: »Sehr hübsch. Aber kannst du mit dem Ding da auch atmen?« Man muss es sich natürlich von zwei Cowboys gesungen vorstellen, zu einer Countrymelodie.

2006

Das Leben ist schöner

Roberto Benigni, der italienische Regisseur, Schauspieler und Autor, hat zwei Mal den gleichen Film gedreht. Im ersten Fall hieß er »Das Leben ist schön«.

Dieser erste Film, der viele Preise erhalten hat, darunter einen Oscar, spielt während des Faschismus. Ein jüdischer Kellner wird mit seinem kleinen Sohn in ein Konzentrationslager gesperrt. Dies geschieht ungefähr in der Mitte des Films, der bis dahin eine klamaukhafte Komödie war. Aus Liebe zu seinem Sohn verleugnet der Vater die Todesgefahr. Er erklärt dem Kind, dies alles sei nur ein Spiel. Es ist die Unschuld einer Kindheit und des kindlichen Blicks, um deren Rettung es in diesem Spiel geht.

»Das Leben ist schön« wurde als eine Art Wunder gefeiert, als gelungene Komödie zum Thema Holocaust – aber das ist er gar nicht. In seiner zweiten Hälfte nämlich verwandelt sich »Das Leben ist schön« von der Komödie in ein Märchen. »Das Leben ist schön« handelt in erster Linie nicht vom Todeslager, sondern von der Liebe, die erfolgreich Berge versetzt, und von der Fantasie, die stärker sein kann als die grausamste Wirklichkeit. »Konzentrationslager« bedeutet hier: die schlimmste vorstellbare Situation.

In »Der Tiger und der Schnee« führt die gleiche Geschichte vom heutigen Italien in den heutigen Irak. Benigni ist diesmal ein geschiedener Lektor und Autor. Die Frau, die er liebt (gespielt von Nicoletta Braschi, die mit Benigni verheiratet ist), reist in den Irak, um einen Dichter zu interviewen (Jean Reno). Bei einem Attentat wird sie schwer verletzt, sie liegt im Koma, ein Krankenhaus im Nachkriegs-Chaos von Bagdad, der Tod eine Frage von Stunden, bestenfalls Tagen. Die Hauptfigur gibt sich als Chirurg aus, mit einer Hilfsorganisation schafft es Benigni nach Bagdad – nein, der Film wurde nicht an den Originalplätzen gedreht.

Ein bestimmtes Medikament, sagen die Ärzte, könne die Patientin vielleicht retten. Der Professor macht sich auf die Suche. Er tut dabei so, als sei Bagdad eine normale Stadt. Minen, Straßensperren, Attentate, Selbstmord, das alles sind nur noch komödiantische Effekte. Wieder ignoriert ein Mann aus Liebe die Wirklichkeit, wieder gibt es die Nebenfigur eines gutmütigen, hilflosen Freundes, damals gespielt von Horst Buchholz, diesmal von Jean Reno, wieder soll die Fantasie eine mörderische Politik besiegen (und wieder schafft sie es).

Warum ist »Der Tiger und der Schnee« der schwächere Film? Die Person, um die es geht, ist im einen Fall ein Kind, im anderen Fall eine Frau, die im Koma liegt und von der wir nicht viel wissen. Ihr Schicksal bewegt uns deutlich weniger als das Schicksal des Kindes. Vor allem haben wir »Das Leben ist schön« aus der Kinderperspektive gesehen, hier aber schauen wir mit erwachsenen Augen. Dieser Blick tut den Kalauern, den Albernheiten und dem unaufhörlichen Gerede von Roberto Benigni nicht gut. Auch die Gegenposition ist schwächer besetzt. Die Nazis in »Das Leben ist schön« waren, wie immer, das perfekte Böse. Die Stadt Bagdad dagegen ist lediglich gefährlich und unübersichtlich.

Je länger der Film dauert, desto stärker geht einem die Hyperaktivität seines Hauptdarstellers auf die Nerven, desto stärker wünscht man, dass auch einmal etwas ungesagt bleibt, und desto stärker wird der Gedanke, dass man der Komapatientin nach ihrem Erwachen einen weniger anstrengenden Lebenspartner wünscht als ausgerechnet diesen. Der Film möchte mit aller Kraft skurril und liebenswert, poetisch und politisch sein, er gibt ununterbrochen Vollgas. Wer aber alles will, kriegt am Ende meist gar nichts.

2006

Vogelgrippe

Es sind diesmal auffällig viele Chinesen bei der Berlinale. Bei einem Empfang sagte jemand: »Wenn du über eine bestimmte Gruppe etwas Positives sagst, zum Beispiel, Chinesen können gut turnen, dann ist das okay. Wenn du etwas Negatives sagst, dann ist das Rassismus. Wo ist denn da die Logik?«

Daraufhin schwiegen wir eine Weile. Dann sagte ich, um das Eis zu brechen: »Chinesen sind doch super.« Die anderen schüttelten ihre Köpfe und gingen weg.

In einer Gruppe auf diesem Empfang wurde über den Penis von Jürgen Vogel diskutiert. Jürgen Vogel spielt einen Triebtäter. Er hat ganz viele eklige, brutale und deprimierende Sexszenen, den Penis sieht man dabei ganz genau. »Ich verstehe nicht, wie ein Schauspieler in einer solchen Situation eine Erektion bekommen kann«, sagte jemand. »Dass George Clooney zwanzig Kilo zunimmt und wieder abnimmt, kann ich nachvollziehen. Jürgen Vogels Erektion kann ich nicht nachvollziehen.«

»Das war doch ein Plastikpenis«, sagte jemand anderes. »In der einen Szene war er außerdem viel größer als in der anderen.«

»Nein«, sagte eine dritte Person, »das ist Schauspielkunst, das lernt man alles auf der Schauspielschule.«

Dann ging ich in einen Film über Korruption, Selbstmord und Niedertracht mit Isabelle Huppert, er war total langweilig, und ich wollte am Ende schnell raus, noch im Dunkeln, und draußen wollte ich ein Fisherman's Friend lutschen, griff in die Tasche und hatte eine Packung chinesischer Zigaretten in der Hand sowie ein Bild von einer Chinesin, das über und über mit chinesischen Schriftzeichen bedeckt war. Da dachte ich: »Du hast in den letzten Tagen zu viele Filme mit Wahnsinnigen gesehen, du hast dich angesteckt. Es ist wie Vogelgrippe.« Plötzlich kam ein wütender Chinese auf mich zu und sagte, ich hätte seinen Mantel an. Wegen der Globalisierung sehen die Mäntel alle gleich aus.

2006

Kosslick ist Kult

Dieter Kosslick hat offiziell erklärt, dass die Verbreitung von Klatsch bei der Berlinale okay ist. Er hat sogar extra ein »Gossip Studio« eingerichtet. Gossip heißt Klatsch.

Klatschthema Nummer eins draußen vor der Eröffnungsparty: Der Kulturchef des Magazins *Der Spiegel*, Matthias Matussek, wollte von Kosslick drei Karten für die Eröffnung. Es gibt aber angeblich immer nur eine pro Person. Sogar Gérard Depardieu bekäme nur eine, obwohl er ganz allein locker zwei Sessel füllen könnte. Falls der Papst kommt, kriegt er ebenfalls nur eine. Daraufhin soll der Kulturchef gesagt haben, dass der Papst ihn, katholisch gesagt, kreuzweise kann, und soll damit gedroht haben, dass er die Berlinale in Zukunft schlechtschreibt.

Er hat aber immer noch nur eine Karte gekriegt. Das alles ist Gossip. Tatsache dagegen ist, dass der Berlinale-Bericht des *Spiegel* die Überschrift trägt: »Flopmacher Kosslick?« Im Text steht: »Wird die Berlinale zum Prekariat des Kinos? Kosslick muss aufpassen, dass er nicht bald als Experte für kommerzielle Rohrkrepierer gilt.«

Sie machen Kosslick zum Vorwurf, dass die letzten Gewinner des Goldenen Bären kommerziell nicht sehr erfolgreich waren. Aber der arme Kosslick darf doch gar nicht bestimmen, wer den Goldenen Bären kriegt! Das tut doch eine Jury! Unabhängig! Nur, weil einer über die Party-Eintrittskarten zu bestimmen hat, ist er doch nicht automatisch der Bestimmer von allem! Nun, auch *Der Spiegel* kann nicht alles wissen.

Daran musste ich denken, als ich in die Galavorstellung zur Berlinale-Eröffnung einzog, begleitet von Familie, Freunden, Bewunderern, den beiden Lieblingskonkubinen sowie unserer ukrainischen Reinemachefrau, für die der reizende Dieter Kosslick mir eine Karte geradezu aufgedrängt hatte, nur, weil ich ihm beiläufig gesagt habe: »Ich plane da übrigens diesen kleinen Text mit der Überschrift ›Kosslick ist Kult‹.« Mit Freundlichkeit kommt man immer am weitesten.

2007

Angelina Jolie

Angelina Jolie spielt in »The Good Shepherd« eine verhärmte Hausfrau von anfangs 25, später 45 Jahren, deren Mann Matt Damon nichts von ihr wissen will, auch und gerade sexuell. Während im Film die Jahrzehnte vergehen, sieht sie immer haargenau so schön und jung aus, wie sie es im Moment gerade ist, nämlich 31, und sie wirkt dabei so Angelina-Jolie-mäßig, dass man dem vollkommen desinteressierten Matt Damon die ganze Zeit zurufen möchte: »Mann, siehst du denn nicht, dass das Angelina Jolie ist, da neben dir mit dem großen Mund? Denk noch mal nach!« Inzwischen habe ich recherchiert, warum Angelina Jolie neuerdings solche Rollen annimmt, die für sie extrem schwierig zu spielen sind.

Sie ist die einzige bekannte Schauspielerin, bei der auf den Fanseiten im Internet neben der Filmografie auch eine Liste der aktuellen Tätowierungen steht. Im Augenblick sind es offenbar zwölf. Das Fenster auf dem Rücken hat sie kürzlich wegmachen lassen. Sie hat aber immer noch unter anderem den Text auftätowiert: »Ein Gebet für die im Herzen Wilden, die in Käfigen gehalten werden«, außerdem auf Lateinisch: »Was mich nährt, zerstört mich auch.« Deswegen, sagt sie in Interviews, könne sie keine Nacktszenen mehr spielen, obwohl sie nichts gegen Nacktszenen habe. Aber bei den Nacktszenen ist auf ihrem nackten Körper immer deutlich zu lesen: »Was mich nährt, zerstört mich auch« – das verstehen die meisten Regisseure, völlig zu Recht, als Kritik an ihrem Film und werden sauer.

2007

Robert De Niro

Wenn man bei der Berlinale rumrennt, merkt man nach einer gewissen Zeit, dass extrem erfolgreiche Leute oft erstaunlich unsicher oder schüchtern sind, während weniger Erfolgreiche vor Selbstbewusstsein nur so strotzen. Als Robert De Niro mit Volker Schlöndorff in der American Academy redete, wirkte De Niro genau wie bei dem Gruppeninterview, das ich vor ein paar Jahren mal mit ihm führen durfte: freundlich, aber extrem vorsichtig und ein bisschen gehemmt. Ein Schauspieler wie er könnte Gehemmtsein natürlich vortäuschen, aber wozu sollte er? Der Deutsche stellte weitschweifige Fragen, der Amerikaner gab meist einsilbige Antworten, falls er überhaupt zum Reden kam, denn einige seiner Fragen beantwortete der unaufhörlich aus sich heraussprudelnde Schlöndorff gleich selber.

Einem Amerikaner wäre so etwas nicht passiert. Das ist ein Unterschied zwischen der amerikanischen Kultur und der deutschen. Die Amerikaner sind vermutlich nicht weniger eitel als wir, aber sie unterdrücken dieses Gefühl, sie denken halt immer ans Publikum. Auch deshalb sind ihre Filme beliebter als unsere. De Niros Regiearbeit »The Good Shepherd« ist sicher sehenswert und wird bei den Kritikern hoch gehandelt, aber ich habe einen kleinen Vorbehalt gegen Filme, die etwas mitteilen, was ich schon zu wissen glaubte. Zum Beispiel, dass es nicht gut für die Seele ist, beim Geheimdienst zu arbeiten.

Hinterher sagte der Autor Michael Rutschky: »Auf Hölderlin hätte ich in meinem Leben gut verzichten können, aber nicht auf Robert De Niro.« Immerhin hatte man erfahren, dass De Niro 1964 durch die DDR nach Berlin getrampt ist, um mit dem Theaterregisseur Piscator zu reden. Der Schauspieler Matt Damon, der auch da war, lobte Berlin, weil das jute Berlin, wie ein guter Schauspieler, in die Haut fast jeder anderen Stadt schlüpfen kann. Berlin könne man bei Dreharbeiten zum Beispiel sehr gut als Moskau verwenden (und fast alles ist in Berlin weniger hart oder billiger oder weniger kalt als in Moskau).

»Berlin geht gut als Ersatz für alles, was östlich von Berlin liegt«, sagte Matt Damon. Berlin gilt in Hollywood als das Wolgograd für Weicheier. Wer hätte diese Karriere im Jahre 1989 geahnt?

2007

Ganz schön zu

Bei den Empfängen wird in diesem Jahr mehr Wasser getrunken als früher und fast nicht mehr geraucht, in den Filmen rauchen und trinken sie dagegen ununterbrochen. Um auszudrücken »dieser Film spielt nicht heute, dieser Film spielt früher«, lassen die Regisseure ihre Schauspieler einfach pausenlos Zigaretten anzünden und Martinis mixen. Das ist billiger, als sie in eine 1959er Corvette einsteigen zu lassen, während im Hintergrund Zeppeline abstürzen.

Wenn man zu einem Empfang geht, gibt es am Eingang eine Liste mit Namen. Auf dieser Liste muss man draufstehen. Sie kontrollieren aber nicht die Ausweise.

Vorgestern hatte ich mich zu einem Empfang angemeldet, sollte aber nicht eingelassen werden, denn der Name M. stand nicht auf der Liste. Ich sagte: »Entschuldigung, mir fällt da grad ein, ich heiße doch nicht M., ich heiße Wolff mit zwei f. Meine Exfreundin hat früher zum Spaß immer M. zu mir gesagt. Da hab ich mir das angewöhnt.«

Ich wusste nämlich zufällig, dass der Fotograf Mike

Wolff bei dem Empfang fotografieren sollte. Da haben sie mich durchgewunken. Das heißt, die am Eingang halten es für möglich, dass bei der Berlinale Leute herumlaufen, die so zu sind, dass sie nicht einmal mehr ihren eigenen Namen kennen, aber trotzdem lebenstüchtig genug, um ein Glas Sekt zu halten und eine Meinung zum koreanischen Wettbewerbsbeitrag zu haben. Später sah ich, dass Mike Wolff ebenfalls da war und fotografierte, er hat sicher gesagt, dass er »Müller« heißt, zwei oder drei Müllers stehen immer auf der Liste. Aber sagen Sie niemandem, dass Sie den Tipp von mir haben.

2007

Lob des Handwerks

Irgendwann kommt bei jeder Berlinale der Moment, an dem man beginnt, die Künstler zu hassen und die Handwerker zu lieben.

Schlechte Filmkritiker sind übrigens Filmkritiker, die einen Film lediglich darauf überprüfen, ob er mit ihrer eigenen Weltsicht übereinstimmt. Einmal pro Jahr muss ich das immer schreiben.

Vor Beginn der Pressevorführung von »Irina Palm« kam ein Kollege zu mir und sagte, ich müsse mir unbedingt den Film »300« anschauen. »300« sei in Nazi-Ästhetik gedreht, ohne jede erkennbare Ironie, eins zu eins, das werde bestimmt ein Skandal. Der Kollege war begeistert. Wenn es optimal laufe, werde vielleicht sogar der israelische Botschafter gegen »300« protestieren.

Ich selbst finde Nazi-Ästhetik gut. Mir gefallen Bands wie Rammstein, Bilder von Norbert Bisky oder der Flughafen Tempelhof. Wer Form und Inhalt nicht auseinanderhalten kann, ist eh doof.

Einen Skandal könnte die Berlinale zurzeit allerdings gut gebrauchen, denn es schleppt sich so ein bisschen dahin, von eindringlichem Problemfilm zu eindringlichem Problemfilm. In »The Walker« von Paul Schrader, einem der wenigen Lichtblicke, sagt die Hauptfigur, ein schwuler Dandy, zu seinem Künstlerfreund: »Wenn einem beim Betrachten nichts gegen den Strich geht, ist es keine Kunst, oder?« Er hat recht.

Interessanterweise findet man aber das, was einem gefällt, fast immer mutig oder avantgardistisch, man gesteht sich ungern ein, dass man Mainstream ist. Die meisten Problemfilme sind aber alles andere als mutig, nichts einfacher, als die Leere der modernen Existenz, den Sexismus oder den Kapitalismus anzuprangern. Dann lief »Irina Palm« los, mit Marianne Faithfull als »die wichsende Witwe«, eine Oma, die im Sexshop Männer am Fließband abfertigt. Das wird ein Hit, das Publikum ist begeistert, am Abend gab es eine stehende Ovation. Der Film ist nicht etwa schlüpfrig, sondern lieb, lustig und schlicht, er hat keine allzu großen Ambitionen, außer der Aussage »Marianne Faithfull ist an jedem Ort toll, und auch die Liebe findest du an jedem Ort«. Das war sehr erholsam und stimmt mit meiner Weltsicht hundertprozentig überein.

2007

Schlechte Zähne, böse Seele

Die Kritikerin, die in »300« neben mir saß, sagte, dass der Film nicht besonders gut sei, aber »wenigstens kein Neun-Uhr-Film«. Unter »Neun-Uhr-Filmen« versteht man inzwischen ein eigenes, neues Genre. Es sind mittelinteressante, langsam erzählende Filme mit unglücklichen, sprachlosen Menschen, wie sie bei einer Berlinale typischerweise um neun Uhr morgens gezeigt werden, zu einer Zeit, da die meisten Kritiker sich, infolge des vorangegangenen langen Abends, ebenfalls sprachlos und mittelinteressant fühlen. Typische Neun-Uhr-Filme waren »When a Man Falls in the Forest« und »Das Jahr, als meine Eltern in Urlaub waren«. Ersterer handelte davon, dass Sharon Stone und Timothy Hutton schweigend in der Küche stehen, der zweite zeigte im Wesentlichen ein Kind, das 104 Minuten lang traurig aus dem Fenster schaut.

Dies also ist gemeint, wenn Leute aus Hollywood an der Hotelbar den sonderbaren Satz sagen: »My whole life seems more and more like a nine o'clock movie to me.«

»300« sah aus wie »Herr der Ringe« in einer Version des US-Außenministeriums, bei der die freie Welt nicht von Orks, sondern von Persern bedroht wird. Manche kritisieren, dass der Oberschurke in »300« schwarz und schwul ist. Er sollte offenbar weiß und hetero sein. Aber Schurkenrollen sind doch die interessantesten Rollen. Wenn Schwarze, Schwule et cetera im Kino keine Schurken mehr spielen dürfen, ist das versteckte Diskriminierung. Jahrhunderte der Unterdrückung waren nicht genug, nun sollen Schwarze, Schwule, Frauen und Behinderte auch noch gedemütigt werden, indem sie im Kino ununterbrochen sorgfältig abwägende Richter, charismatische Chefärzte oder tapfere Polizeichefs darstellen. Die oscarverdächtigen Rollen von Wahnsinnigen, Drogenwracks oder Gangsterbossen kriegen immer nur weiße Heteros. Außer in »300«.

Schurken erkennt man im Kino, außer an der Hautfarbe, auch an den Zähnen. Seit Jahren gilt die Regel, dass ein schlechtes Gebiss auf schlechten Charakter hindeutet. Vermutlich denkt man, dass Eltern, die am Kieferorthopäden ihres Kindes sparen, auch die ethische Erziehung schleifen lassen. In Wirklichkeit bereiten solche Eltern ihre Kinder auf eine Schauspielerkarriere vor, in der sie niemals einen Richter oder den Polizeichef spielen müssen.

2007

Pop and Circumstance

Die Pressekonferenz der Rolling Stones wird als die Mutter aller Pressekonferenzen in die Geschichte eingehen. Sie sollte um 15.10 Uhr beginnen, um 14 Uhr wurde der Saal wegen Überfüllung geschlossen. Um 14 Uhr aber endete gerade die Vorführung von »Shine a Light«. Für diejenigen, die sich den Stones-Film von Martin Scorsese angeschaut hatten, ist es folglich unmöglich gewesen, hineinzukommen.

Es war dies die erste Pressekonferenz in der Geschichte der europäischen Filmfestivals, in der kein einziger Mensch saß, der den Film gesehen hatte. Verzweifelte Fernsehteams, die nicht reingekommen waren, filmten draußen die Videowand ab. Das wird jetzt in Kolumbien als Live-Original-Aufnahme verkauft, und in Deutschland macht Norbert Bolz eine neue Medientheorie daraus.

Ich habe es mir im Internet angeschaut. Alles lief gespenstischerweise genau wie immer. Kritiker fragten: »Wie war es, mit Scorsese zu arbeiten?« Die Rolling Stones antworteten: »Hm, mal nachdenken. Also, es hat Spaß gemacht.« Man könnte ohne Weiteres ein Filmfestival veranstalten, in dem überhaupt keine Filme mehr gezeigt werden, stattdessen laufen nur Pressekonferenzen mit Popstars, zu fiktiven Filmen, etwa Detlev Bucks Biopic über Grönemeyer oder Mike Leighs Biopic über Amy Winehouse. Vielleicht sollte ich dieses Veranstaltungskonzept dem Erlebnisgastronomen Hans-Peter Wodarz anbieten, unter dem Titel »Film, Pop and Circumstance«.

Am Abend, vorm Berlinale-Palast, stand ich in einer Gruppe aus älteren Berlinern und Japanern. Martin Scorsese kam an. Eine Frau sagte: »Kuck ma, Woody Allen is auch da!« Ihr Mann sagte: »Quatsch, Woody Allen is doch längst tot.« Das liegt alles am Berliner Bildungssystem.

Nun aber mischte sich ein Japaner ein, in flüssigem Deutsch. Er sagte: »Nein, das ist Martin Scorsese.« Darauf die Frau: »Ja, klar, jetzt erkenne ich den, det ist dieser Franzose.« Ich stieg in ein Taxi. Ich fragte den Fahrer: »Haben Sie während der Berlinale mehr zu tun als sonst?« Der Fahrer sagte: »Die Berlinale ist gar nichts gegen die Food-Logistiker. Aufm Messegelände tagen 40 000 Food-Logistiker. Sagense bloß, Sie wissen das nicht.« Ich schwieg.

2008

Die dicken Männer von Mumbai

Im Pressefach lag eine DVD, Aufschrift: »Eros international«. Ich drehte die DVD um, auf der Rückseite war Shah Rukh Khan zu sehen, der indische Superstar. Für Inderinnen ist Shah Rukh Khan angeblich so etwas wie Robbie Williams, Johnny Depp und George Clooney in einer Person, sie nennen ihn »King Khan«. Zum ersten Mal in der Berlinalegeschichte mussten sie eine eigene Website schalten, nur für den Besuch eines einzigen Stars, mit Ratschlägen. Einer der Ratschläge lautet, dass man während der Filmvorführung nicht tanzen soll. Im Fernsehen hieß es, King Khan habe genau 1,3 Milliarden weibliche Fans, ein beträchtlicher Teil davon sei unterwegs nach Berlin.

Aus Sizilien werde ein Bus voller Sizilianerinnen erwartet. Über das indische Kino, das sogenannte »Bollywood«, sollte man wissen, dass sie sich dort nicht küssen dürfen, das ist tabu. Wenn Sexualität ins Spiel kommt, fangen sie, statt zu küssen, einfach an zu tanzen, wie Bienen. Für jede Spielart der Sexualität gibt es angeblich einen eigenen Tanz.

Ich hatte von King Khan nie gehört. Ich meine, er sieht gut aus, aber auch nicht viel besser als Florian Silbereisen. Er sagt in Interviews, dass er Moslem sei und vier Frauen heiraten dürfe, leider habe er erst eine. Er habe die richtigen drei anderen einfach noch nicht gefunden. Auf der DVD hatte sich King Khan oben herum frei gemacht. Shah Rukh Khans Bauch hat das eindrucksvollste Sixpack, das ich je gesehen habe. Auf Shah Rukh Khan kann man Möhrchen raspeln. Da habe ich gemerkt, dass die Globalisierung auch bei den Schönheitsidealen zugeschlagen hat, früher haben die Inderinnen ein anderes Schönheitsideal gehabt. Je dicker ein Mann war, desto attraktiver war er. In Indien durfte man als Mann vor der Globalisierung jeden Tag von früh bis spät essen, man wurde dabei ständig schöner. Die dicken Inder sind ganz klar Globalisierungsopfer.

2008

Atomkrieg der Häschen

Angeblich hat Carla Bruni, die Ehefrau des französischen Präsidenten Sarkozy, gesagt, dass Geld sie nicht interessiere. Reiche Männer finde sie nicht sexy. Dagegen finde sie es aufregend, mit einem Mann zusammen zu sein, der »über die Atombombe entscheidet«. Falls das stimmt, ist die kostspielige französische Atomstreitmacht, die Force de Frappe, erstmals zu etwas gut gewesen, zumindest für einen französischen Präsidenten.

Das letzte Mal, dass man den Begriff »Atom« in einen sexuellen Zusammenhang brachte, war in den Fünfzigerjahren, als man bei üppigen Filmschauspielerinnen von einem »Atombusen« zu sprechen pflegte. Die Force de Frappe ist allerdings eine sehr kleine Atomstreitmacht. George W. Bush und Wladimir Putin besitzen größere Bomben.

Neulich schrieb in der *Zeit* die Literaturkritikerin Iris Radisch über das Paar Sarkozy-Bruni, und sie ist dabei den gewohnten feministischen Denkpfaden gefolgt. Sinngemäß: Wieder einmal schmückt ein erfolgreicher älterer Typ sich mit einem hübschen jungen Häschen. Ich finde, das stimmt aus zwei Gründen nicht. Erstens ist der Altersunterschied zwischen den Liebenden (er 53, sie 40 Jahre alt) keineswegs spektakulär. Zweitens ist Bruni keineswegs ein Häschen, sondern eine erfolgreiche Karrierefrau, die es gleich in zwei Sparten, als Fotomodell und als Sängerin, nach oben geschafft hat. Außerdem ist sie diejenige, die sich ihre Männer aussucht und sie wieder abschafft, nicht umgekehrt. Sie schmückt sich ebenso mit den Männern wie die Männer sich mit ihr. So gesehen, handelt es sich um ein durchaus emanzipiertes Verhältnis.

Karl Marx hat die These vertreten, dass das Bewusstsein der realen historischen Entwicklung meist ein paar Jahre hinterherhinke. Radischs Artikel und Sarkozys Auftreten sind dafür gute Beispiele. Nicht nur die längst eiernde Platte »Wir Frauen sind immer die Opfer«, auch die Macho- und Playboypose, mit der Sarkozy Bewunderung wecken möchte, hat längst angefangen, lächerlich zu wirken. Goldkettchen und teure Sonnenbrille, bei Marcello Mastroianni hat das noch funktioniert. Heute sind das Requisiten von Männern aus zurückgebliebenen Gesellschaften.

Wenn sich also in dieser größten Soap-Opera der jüngeren Geschichte jemand in einer prekären Situation befindet, dann nicht Bruni, sondern Sarkozy. Seine durch Eheschließung dokumentierte Überzeugung, dass ausgerechnet er in der Lage sein könnte, das flatterhafte Geschöpf Bruni dauerhaft an sich zu binden, zeugt von einer so grandiosen Selbsteinschätzung, dass ich zum ersten Mal Angst davor bekommen habe, dass Frankreich, trotz der Winzigkeit seiner Force de Frappe, irgendwo einen Atomkrieg anfängt.

2008

Fernsehfilme

Mir ist wieder mal aufgefallen, dass ich bei der Berlinale keinen einzigen guten Film gesehen habe, der bei ARD oder ZDF hätte gemacht werden dürfen. Diese Filme wären alle von den Fernsehredakteuren verhindert worden. Bei »There Will Be Blood«, dem Öldrama mit Daniel Day-Lewis, das für den Oscar gehandelt wird, hätte der Redakteur wütend gerufen: »In dem Film kommt keine einzige Frau vor, fällt so was eigentlich immer nur mir auf? Da können sich die Zuschauerinnen nicht identifizieren. Statt des Bruders der Hauptfigur lassen wir eine Schwester auftauchen, okay? Die Schwester spielt Veronica Ferres.«

Bei »Julia«, dem Trinkerinnendrama mit Tilda Swinton, hätte der Redakteur gesagt: »Hm. Das wichtige Thema Alkoholismus verknüpft mit einer spannenden Handlung – sehr gut. Aber die mexikanischen Gangster sind zu negativ gezeichnet, das gibt Ärger mit dem Zentralverband der Mexikaner, mir stecken noch die Aleviten in den Knochen, und dann das Kind, Drehs mit Kindern sind schwierig. Die Hauptfigur bringt jemanden um und kommt davon, das geht auch nicht. Statt brutal ein Kind zu entführen, lernt Tilda Swinton einen gut aussehenden, sympathischen Mexikaner kennen, okay? Mit dem flieht sie dann meinetwegen. Wir drehen das Ganze übrigens in Südafrika, nicht in diesem mexikanischen Kaff.«

Bei dem Rolling-Stones-Film hätte es geheißen: »Um Gottes willen! Reine Musikfilme will das Publikum nicht. Da muss eine Handlung hinein. Am besten, Mick Jagger macht eine Kur im Schwarzwald, dort verliebt er sich, meinetwegen bei einem Konzert in der Klinik, in eine Ärztin, die spielt Hannah Herzsprung, und sie gehen beide nach Afrika auf eine Farm.«

Zu dem Film mit Patti Smith hätte der Redakteur gesagt: »Sorry, das müssen wir alles noch mal neu drehen. Die Bilder sind völlig verwackelt. Was ist das denn überhaupt für ein Licht in dem Film? Da denken die Zuschauer ja, sie sind bei Guido Knopp, Teil 30, Hitler und seine Rockbands.« Deswegen gehe ich gern ins Kino und sehe selten fern.

2008

Schneetreiben

Als ich aus »Elegy« kam, einer Verfilmung des Romans »Das sterbende Tier« von Philip Roth, war ich der Ansicht, eine sogenannte *bewegende Liebesgeschichte* und einen großartigen Ben Kingsley gesehen zu haben. Roth gilt als einer der besten Autoren der Gegenwart, weil er keine Angst davor hat, seine miesen Seiten und Peinlichkeiten vorzuzeigen – dies scheint mir immer noch eine der wichtigsten Voraussetzungen für das Entstehen von nennenswerten Büchern zu sein.

Der Film, der eine Beziehung zwischen einem Professor und einer dreißig Jahre jüngeren Studentin schildert, scheint aber, vor allem bei Kritikerinnen, massive Aggressionen auszulösen. Es sei halt wieder mal eine Männerfantasie. Bei Kindern wird immer ausdrücklich gelobt, wenn sie viel Fantasie haben. Spricht man nicht oft vom »Kind im Manne«? Außerdem kommt es massenhaft vor, dass Professoren mit Studentinnen schlafen. Die Kunst soll die Welt zeigen, wie sie ist, nicht so, wie Betrachterinnen sie gerne hätten. Ein Kritiker bemängelt, dass die Romanszene, in welcher der Professor beim Klavierspielen onaniert, im Film nicht enthalten ist. Ich bin sicher, dass Ben Kingsley auch diese Aufgabe mit Eleganz erledigt hätte.

Dann ging ich zu einer Party ins Borchardt, das McDonald's der Prominenten. Unter dem Borchardt haben sie das Kellergewölbe für die Raucher ausgebaut, eine halbdunkle Drogenhöhle mit Kerzenleuchtern und komplizenhaften Kellnern. Man fühlt sich wie im alten Chicago und hat instinktiv Angst vor einer Polizeirazzia. Eine Schauspielerin erzählte von dem Kokainproblem, das nicht wenige Berliner Prominente angeblich haben. Das sind Weimarer Verhältnisse, in der Weimarer Republik war es auch schon mal so. Seit man zum Rauchen vielerorts rausgehen muss, sei es schlimmer geworden, denn Koksen geht auch innen. Das heißt, wenn die Klimaschutzvorschläge von Al Gore nicht bald umgesetzt werden oder mindestens die von Barack Obama, können Berliner Kinder Schnee nur noch in den Nasen ihrer Eltern sehen.

2008

Gefangene Wahrheit

Errol Morris ist nach Michael Moore, Al Gore und Morgan Spurlock (»Super Size Me«) vermutlich nur der viertererfolgreichste Dokumentarfilmer der USA, aber er ist als moralische Instanz am unumstrittensten. Morris wirbt nicht für eine Idee oder für ein politisches Konzept, er lässt sich von der Wirklichkeit noch überraschen. Für »The Fog of War«, seinen Film über Robert McNamara, den früheren, auch für den Vietnamkrieg verantwortlichen US-Verteidigungsminister, hat er den Oscar bekommen. In »Standard Operating Procedure« ist Morris etwas Außerordentliches gelungen, er hat die Vorgänge in dem irakischen Gefängnis Abu Ghraib minutiös rekonstruiert und dazu mit den meisten Tätern und erstaunlicherweise auch mit Ermittlern der Militärgerichte sprechen dürfen.

Abu Ghraib, Herbst 2003: Im ehemaligen Terrorgefängnis von Saddam Hussein errichten US-Militärs eine neue Schreckensherrschaft. Häftlinge, darunter fast wahllos verhaftete Verdächtige, werden gedemütigt, gefoltert, ermordet. Die Sache kommt heraus, weil einige der Täter fotografiert haben und weil die Fotos den Weg in die Öffentlichkeit finden. Soldatinnen wie Lynndie England werden zu schaurigen Berühmtheiten. Bilder wie das, auf dem Lynndie England einen nackten Iraker an der Hundeleine hinter sich herkriechen lässt, werden zu Ikonen, zum Beweis dafür, dass Bushs Amerika im Irak seinen moralischen Kredit verspielt.

Das Problem eines solchen Films besteht darin, dass ein amerikakritisches, westliches Publikum schon alles über Abu Ghraib zu wissen glaubt. Morris' Interviews bestätigen denn auch, dass es sich bei Abu Ghraib sehr wahrscheinlich nicht um eine Ausnahme, sondern um einen Normalfall der US-Politik handelt, zumindest unter Bush und unter Kriegsbedingungen. »Was wir machten, galt als okay«, sagte Lynndie England, die wie die anderen Täterinnen und Täter einen überraschend intelligenten und nachdenklichen Eindruck hinterlässt, verglichen mit ihrem Medienimage von damals.

Die Interviews bestätigen auch, dass die Militärjustiz nicht primär an der Bestrafung von Tätern und schon gar nicht an der von Befehlsgebern interessiert war, sondern an der Eindämmung einer weltweiten PR-Katastrophe. Wer so etwas fotografiere, sei einfach dumm, sagt ein Ermittler, und diese Dummheit sei es, die mit zum Teil jahrelanger Haft bestraft werde. Die Soldatin, die einen von CIA-Verhörspezialisten zu Tode gefolterten Iraker fotografierte, landete im Gefängnis, nach den Mördern aber wurde nie gesucht.

Der Begriff »Standing Operating Procedure« bezeichnet offiziell erlaubte Verhörmethoden. Angst ist erlaubt, Demütigung ist erlaubt. Körperliche Misshandlungen und sexuelle Handlungen sind verboten. Es ist verboten, nackte Häftlinge zu einer Pyramide übereinander zu stapeln und sie zum Masturbieren zu zwingen, es ist dagegen erlaubt, einen nackten Häftling an ein Bettgestell zu ketten und ihm einen Schlüpfer über den Kopf zu ziehen. Zu den Überraschungen des Films gehört die Information, dass ausgerechnet die düsterste Szene aus Abu Ghraib, das Bild, das fast zur Metapher für Folter wurde, eine in den Augen der Militärjustiz legale Verhörpraxis zeigt. Es ist jener Mann, der unter einer Kapuze auf einer Kiste steht, die Arme wie zur Kreuzigung ausgebreitet, scheinbar an elektrische Kabel angeschlossen. Die Kabel standen nicht unter Strom. Er sollte nur Angst haben.

Errol Morris entschuldigt die Täter nicht, aber er behandelt sie fair, er hört ihnen zu. Da gibt es dieses barbarische Gefängnis, in dem auch die Amerikaner hausen, fast ebenso isoliert und kaum besser dran als die Gefangenen, es gibt den Aufstand draußen, mit toten Amerikanern jeden Tag, den Druck der Vorgesetzten, Verhörergebnisse zu liefern, es wirkt fast wie eine Versuchsanordnung, deren Resultat, Folter, vorhersehbar ist.

Morris hat den Anspruch, die »Wahrheit hinter den Bildern« zu zeigen, die fast jeder von Abu Ghraib im Kopf trägt. Sein Film hinterlässt, bei all seinen Stärken, einen zwiespältigen Eindruck, weil der Regisseur selbst seine Bilder immer wieder künstlich dramatisiert und zu einer manchmal sogar ärgerlich opernhaften Inszenierung neigt. Da wird mit Zeitlupe und mit anschwellenden Jagdhornklängen gearbeitet, da fallen, wenn von Schüssen die Rede ist, in Großaufnahme und mit allem optischen Raffinement Patronenhülsen zu Boden, da wird also von der Regie die volle Klaviatur der emotionalen Manipulation bedient. In einem Film, der ausgerechnet von der politischen Wahrheit handeln soll, einer Wahrheit, die Bilder niemals zeigen können, ist diese Methode ganz bestimmt nicht die richtige.

2008

Die ersten und die letzten zwanzig

Ich frage mich, warum in so vielen Filmen die ersten zwanzig Minuten die stärksten sind und die letzten zwanzig Minuten die schwächsten. Mindestens jeder zweite Film macht zum Ende hin schlapp.

Es ist so, dass am Anfang eines Films eine Idee steht, ein Plot. Der Plot ist fast immer recht gut. Sonst würde der Film ja auch gar nicht gemacht werden. In den ersten Minuten sehen wir also meistens, wie eine interessante Handlungsidee sich entfaltet und wie Figuren vorgestellt werden. In dieser Phase des Films ist fast alles möglich, es ist der erste Schöpfungstag einer neuen Welt. Je länger der Film aber voranschreitet, desto mehr verengen sich die Möglichkeiten, durch das, was bereits passiert ist und was wir als Zuschauer bereits wissen.

In einem Film ist es genau wie im Leben, wo die Optionen sich im Lauf der Zeit verringern, oder wie in dem Kinderspiel »Käsekästchen«, das mit jedem Zug schwieriger wird.

Nach einer Stunde sind der Stil des Films, die Charaktere der Personen und die Handlung so fest etabliert, dass es, wenn man die Gesetze der Plausibilität beachten will, was man wohl tun sollte, nur noch wenige Möglichkeiten gibt. Die Filmemacher versuchen natürlich, noch einmal eine überraschende Wendung zu präsentieren, den letzten Plot Point. Dann geht es oft nur noch darum, die Sache irgendwie zum Abschluss zu bringen. Man hat dabei ein Gefühl, als ob man einer verwirrten älteren Person dabei zuschaut, wie sie in einem Restaurant die Tür sucht. Die letzten zwanzig Minuten sind deswegen meistens schwächer als die ersten zwanzig Minuten, weil sie viel schwieriger zu machen sind.

Bei »Happy-Go-Lucky« von Mike Leigh handelt es sich um eine filmhistorische Rarität. Fast alle Filme der Berlinale handeln vom Unglück, also von Tod, von Liebeskummer, von Verbrechen oder von Elend. Hier aber geht es um das Glück, um eine Frau, die das Leben liebt. Das ist schon mal eine interessante Idee. Und die letzten zwanzig Minuten sind genauso gut wie die ersten.

2008

Krieg spielen

Am Mittwoch wurden der Verlag und der Autor des Romans »Esra« zu 50000 Euro Schmerzensgeld verurteilt. Sie haben einen angeblichen Roman herausgebracht, der offenbar eine nur allzu wahre Geschichte ist. Am Donnerstag lief auf der Berlinale der Film »Feuerherz«. Er erzählt angeblich eine wahre Geschichte, in diesem Falle aber ist es möglicherweise allzu sehr ein Roman.

Ja, was soll die Kunst denn nun eigentlich machen? Wer in diesem konkreten Fall recht hat, die Bestseller-Autorin, Musikerin und angebliche Ex-Kindersoldatin Senait Mehari oder die Flugblattverteiler vor dem Berlinale-Palast, ist nach dem heutigen Kenntnisstand schwer zu sagen.

Der Protest gegen Buch und Film »Feuerherz« kommt von ehemaligen Weggefährten Meharis, einstigen Kindern der Tsebah-Schule in Eritrea. Wurden dort Kindersoldaten rekrutiert oder nicht? Wenn man versucht, diesen für die Betroffenen sicher wichtigen Konflikt aus dem Blickwinkel der Kunstkritik zu betrachten, kommt man um die Erkenntnis nicht herum, dass die Literatur schon immer mit genau dieser Methode für sich Reklame gemacht hat. Die Bücher von Karl May und »Robinson Crusoe« wurden als »wahr« verkauft. Schon im 18. Jahrhundert war es üblich, Romane als »wahre Geschichten« auszugeben, als ein Tagebuch zum Beispiel, das irgendwo gefunden und vom Autor lediglich »herausgegeben« wurde. Das Publikum mag es so.

Das Publikum sollte sich aber darüber im Klaren sein, dass der Wert von Buch und Film nicht davon abhängt, ob etwas »wirklich passiert« ist. Ob ein Film künstlerisch »wahr« ist, stellt sich im Kino heraus, wenn sich entscheidet, ob wir, das Publikum, ihm seine Geschichte glauben oder nicht. Alles andere mögen die Gerichte entscheiden.

Dass im Eritrea-Krieg tatsächlich Kindersoldaten eingesetzt wurden, wie in vielen anderen Kriegen auch, bestreitet allerdings fast niemand. Der Film »Feuerherz« versucht, Krieg mit den naiven Augen eines kämpfenden Kindes zu betrachten, dies ist ihm, alles in allem, nicht schlecht gelungen. Die Schlichtheit des Films hängt vor allem mit seiner Erzählperspektive zusammen. Tatsächlich dürfte »Feuerherz« zumindest für größere Kinder geeignet sein, zumal sich der Regisseur und Drehbuchautor Luigi Falorni (»Die Geschichte vom weinenden Kamel«) mit der Darstellung von Gewalt so weit zurückhält, wie es bei diesem Thema gerade eben geht. Auch Vergewaltigungen und

Misshandlungen der Kindersoldaten spart Falorni aus, von Ohrfeigen abgesehen. Im Vergleich zur Wirklichkeit der Kinderkriege, wie Menschenrechtsorganisationen sie schildern, wirkt das harmlos. Dass »Feuerherz« im Grunde ein Kinderfilm ist, lässt ihn im Wettbewerb einer Berlinale als einen Fremdkörper erscheinen. Nach der Pressevorführung rührte sich keine einzige Hand zum Beifall.

Gedreht wurde in Kenia, in der eritreischen Landessprache Tigrinya. Wir sehen also die großen Augen der zehnjährigen Awet (Letekidan Micael), die von ihrer Schwester aus der behüteten Klosterschule der Hauptstadt zum Vater geholt wird, ins Rebellengebiet, wo zwei rivalisierende Armeen um die Unabhängigkeit Eritreas von Äthiopien kämpfen, hauptsächlich aber, und viel erbitterter, gegeneinander. Awets Truppe befindet sich auf dem Rückzug, ein zusammengewürfelter Haufen aus Frauen, Männern, Jugendlichen und Kindern, die zunächst für Hilfsdienste eingesetzt werden und sogar eine Art Schulunterricht bekommen. Das wirkt abenteuerlich und, in Kinderaugen, reizvoll, bis die ersten Leichen im Fluss treiben.

Es gehört zu den Stärken des Films, dass er die Kinder nicht einfach als Verführte darstellt. Im Gegenteil, Awet will ans Gewehr, gegen den anfänglichen Widerstand der Erwachsenen. Spielen nicht die meisten Kinder gern mit Gewehren? Die Charaktere in »Feuerherz« sind, bis auf die Heldin, durchweg einfach gestrickt, mehr als eine Eigenschaft gönnt der Film ihnen nicht.

Das Ganze bleibt eine One-Kid-Show. Auch die Wendung der kleinen Awet von der begeisterten Soldatin zur Pazifistin, die heimlich die Patronen aus den Gewehren nimmt, kommt etwas unvermittelt, ein Meisterwerk psychologisch glaubwürdigen Erzählens sieht anders aus. Wenn man »Feuerherz« aber als ein Märchen begreift, das jungen Zuschauern vom Unterschied zwischen dem Kriegspielen und dem echten Krieg erzählt, funktioniert es.

2008

Schal und Mütze

Nachdem die letzten Berühmtheiten im Berlinale-Palast verschwunden waren, um den Eröffnungsfilm zu sehen, wollten die Leute, die vor dem Palast standen, nach Hause gehen. Sie wurden von einem Absperrgitter gebremst. Hinter dem Gitter standen Polizisten, so etwa zwanzig. Sie ließen niemanden durch. Ein Polizist sagte: »Wir suchen einen Straftäter.« Was der Straftäter gemacht habe, dürfe er aus Staatsraison nicht sagen. Zu seinem Kollegen sagte der Polizist: »Der Straftäter trägt Schal und Mütze.«

Eine ganze Weile lang standen sich Polizei und Berlinale-Publikum ratlos gegenüber. Was sollte man jetzt machen? Ich bin das Gitter entlanggegangen und stellte fest, dass man problemlos links und rechts an dem Gitter vorbei in die Freiheit spazieren konnte, die meisten anderen taten das auch.

An der Absperrung verharrten etwa hundert Menschen, Leute ohne Initiative, sag ich jetzt einfach mal. Die Polizisten fassten einen Entschluss. Sie ließen alle Frauen und Kinder heraus. Es war wie auf der

»Titanic«, Frauen und Kinder zuerst. Die verbleibenden etwa vierzig Männer mussten einzeln durch eine kleine Lücke im Gitter, dabei wurden sie gefilmt, nach ihrem Namen wurden sie nicht gefragt. Ich weiß nicht, ob das etwas bringt. Ein Mann schimpfte auf die Polizisten ein, ein Polizist schimpfte zurück, beide schrien gleichzeitig: »Ich verbitte mir diesen Ton!« Ein sehr großer Mann schrie: »Ich lasse mich nicht erfassen! In Deutschland sollen alle erfasst werden! Ich will Ihre Dienstnummern!« Er trug Schal und Mütze.

Ein Deeskalierer von der Polizei kam, er redete sanft auf den wütenden Mann ein. Ich stand inzwischen draußen, aber bin zum Spaß noch mal hinter die Absperrung gegangen, ins Gefängnis quasi. Das war total einfach. Dann habe ich mich an der Lücke im Gitter erfassen lassen, ich sagte zu dem großen Mann: »Wenn in Deutschland alle erfasst werden, möchte ich bitte auch erfasst werden, sonst fühle ich mich diskriminiert.« Die Polizisten und der Mann, beide waren sauer auf mich. Ich glaube nicht, dass in Deutschland ein Polizeistaat droht, die Polizei ist zu schusselig dazu.

2009

Der Vorleser

In »Der Vorleser«, der Verfilmung des Romans von Bernhard Schlink, sitzen deutsche Juristen über SS-Mörder zu Gericht. Und die Nazibestie hat, im Bewusstsein des Weltkinos, bis auf Weiteres das schöne Gesicht von Kate Winslet. In jeder herzzerreißenden Liebesgeschichte kommt es darauf an, zwischen einem Paar, das füreinander wie geschaffen scheint, ein möglichst großes Hindernis zu errichten. Bei Romeo und Julia sind es die verfeindeten Familien. Hier heißt das Hindernis Auschwitz.

Vor ein paar Jahren konnte fast jeder den Satz herunterbeten, dass es nach Auschwitz kein Gedicht mehr geben dürfe, nicht einmal das, nur Schweigen. Jetzt kann es eine Hollywood-Kino-Liebesgeschichte geben, deren Julia eine SS-Frau ist. Das bedeutet, wir sind, von Adorno zu Schlink, klüger geworden. Die Mörder waren wirklich ganz normale Leute, und das ist eben gerade keine Verharmlosung, im Gegenteil. Es wäre zu einfach und zu harmlos, wenn nur Außerirdische zu solchen Taten imstande wären. Und danach? Man kann sie nicht erschießen, man kann sie nicht alle wegsperren, man kann nicht einmal schweigen. Sie leben weiter, sie lieben, sie leiden, sie freuen sich, sie lernen lesen. Erlösung ist nicht im Programm vorgesehen, denn, wie einer der besten Sätze dieses, trotz schrecklicher Musik, guten Films lautet: »Die Toten sind immer noch tot.«

2009

Letzte Gerichte

Die genauen Umstände von Marilyn Monroes Tod sind bis heute ungeklärt. Aber man weiß immerhin genau, dass sie als letzte Mahlzeit gefüllte Champignons, pikante Hackfleischbällchen und Guacamole zu sich genommen hat. Das hat sie bei ihrem Stamm-Mexikaner um die Ecke bestellt und sich, kurz vor dem Ende, nach Hause liefern lassen. Marlene Dietrich dagegen hat ihren irdischen Weg mit einer Hühnersuppe beendet, die ihre Haushälterin für sie kochte. Bei James Dean ist es nachweislich so gewesen, dass er in Tip's Coffee Shop am Highway 41 einen Apfelkuchen aß und ein Glas kalte Milch trank, bevor er sich zum letzten Mal in seinen Porsche setzte, nüchtern, aber nicht angeschnallt.

Natalie Wood hat gemeinsam mit ihrem Mann Robert Wagner, den sie nach zehnjähriger Trennung gerade zum zweiten Mal geheiratet hatte, und ihrem Kollegen Christopher Walken im Restaurant eine Fischplatte mit Meeresfrüchten verputzt. Dazu wurden extrem viele Flaschen geleert. Die Männer stritten sich. Danach gingen alle drei auf Woods Jacht, die vor der Küste ankerte, die Männer stritten sich und öffneten weitere Flaschen. Dann ist Natalie Wood ins Wasser gefallen und ertrunken. William Holden nahm als letzte Mahlzeit eine Flasche Wodka zu sich plus vier Flaschen Bier, anschließend stolperte er über seinen Bettvorleger und verletzte sich tödlich an der Nachttischkante. John Belushi aß in der Rainbow Bar eine Linsensuppe, dann hat er sich von seiner Freundin im Hotel, damit er besser schläft, eine Mischung aus Kokain und Heroin in den Arm spritzen lassen. Aufgewacht ist er nicht mehr.

Von Dieter Kosslick stammt der Satz: »Gutes Essen ist ein Menschenrecht.« Im Namen der Humanität hat Dieter Kosslick folglich die Reihe »Kulinarisches Kino« gegründet. Es gibt ein neues Buch, »Das letzte Gericht« von Richard Fasten, mit den letzten Mahlzeiten großer Stars, zum Nachkochen. Man könnte ohne Weiteres »Manche mögen's heiß« mit Marilyn Monroe zeigen und dazu pikante Hackfleischbällchen servieren. Dies nur als Anregung.

2009

Sex

Wenn ich von der Annahme ausgehe, dass etwa jeder zweite Kinofilm in seiner Handlung mindestens einen Geschlechtsverkehr enthält, eine, glaube ich, realistische Annahme, und dass ich pro Jahr, im Durchschnitt, einhundert Filme sehe, als Filmredakteur waren es deutlich mehr, jetzt sind es weniger, dann ergibt dies, grob geschätzt, ungefähr 2000 Sexualakte, davon etwa 1950 heterosexuell und etwa fünfzig homosexuell, so wenig, weil das bis vor ein paar Jahren tabu war.

Seit ein paar Jahren zeigen sie im Kino manchmal alles, aber nicht in sehr vielen Filmen. Ich schätze also, ich habe im Kino zwanzig vollständig vollzogene Sexualakte und 1980 mehr oder weniger stilisierte oder angedeutete gesehen. Die indischen Filme, in denen sie immer tanzen, um Sex auszudrücken, zähle ich nicht mit.

Ich habe sodann die Statistik verfeinert und habe ausgerechnet, dass ich etwa 1200 nackte Schauspielerinnen gesehen habe und etwa 400 nackte Schauspieler, wobei die Männer in den letzten Jahren aufholen, und etwa fünfzig Mal Sex im Wasser, meistens in nächtlichen Hallenbädern, was vermutlich wegen des schönen blauen Lichtes besonders beliebt ist.

In den Kritiken wird selten auf die Sexszenen eingegangen. Dabei kann man die Qualität eines Films eigentlich immer an genau dieser Szene erkennen. Mir kommt es so vor, als sei Clint Eastwood, zum Beispiel in »Die Brücken am Fluß« oder »In the Line of Fire«, auch in dieser Hinsicht einer der besten Regisseure. Die beste Sexszene dieses Festivals aber scheint mir immer noch von Kate Winslet und David Kross zu stammen, sie ist relativ freizügig, in »Der Vorleser«. In »The Messenger« gibt es eine Szene von etwa zwei Minuten, in der man hört, wie der Schauspieler Woody Harrelson im Nebenzimmer etwas Derartiges tut. Dass man es nur hört, dabei aber eine Menge über den Charakter der Figur erfährt, fand ich originell. Guter Film.

2009

Seife im Kopf

Ist es zulässig, einen Film abzulehnen, den man nur aus Ausschnitten und einem halben Dutzend Kritiken kennt? In diesem Fall schon.

Wenn, nur mal angenommen, »Romeo und Julia« nicht tragisch endet – das ist viel zeitgemäßer, oder? Liebeskummer, mein Gott, wer nimmt das heute noch so schwer. Julia schickt Romeo einfach eine E-Mail: »Du, Romeo, es war eine schöne Zeit.« Sie trennen sich und fangen neue Beziehungen an. Wie wäre das? Es wäre genauso wie das, was Hermine Huntgeburth mit »Effi Briest« angestellt hat. In »Effi Briest« geht es um eine Frau, die in einer frauenfeindlichen Gesellschaft tragisch scheitert, sie stirbt an dem Versuch, ihr eigenes Leben zu leben.

In der Verfilmung kriegt das nun ein optimistisches Ende. Effi fängt als Großstadtsingle ein neues Leben an. Die Filmemacher sagen, dies sei zeitgemäßer. In Wirklichkeit wird so aus einem gesellschaftskritischen Drama eine läppische Selbstverwirklichungsgeschichte.

Ich dachte, mich haut nichts mehr um. Aber darüber, »Effi Briest« in »Gute Zeiten, schlechte Zeiten« zu verwandeln, kann ich mich wirklich aufregen. Wenn Frau Huntgeburth der, selbstverständlich legitimen, Ansicht ist, dass »Effi Briest« keine zeitgemäße Geschichte mehr sei, weil moderne Frauen andere Probleme haben, dann soll sie ein anderes Buch verfilmen. Als Nächstes nimmt sie sich womöglich Kafkas »Prozess« vor und lässt Josef K. den Prozess in der zweiten Instanz gewinnen. Wir leben doch heute in einem modernen Rechtsstaat, da ist der »Prozess« kein zeitgemäßes Buch mehr. Oder wie wäre es, wenn Faust am Ende das Gretchen kriegt, sie heiraten am Wörthersee, Mephisto geht geläutert ins Kloster, und Gretchen, eine starke, moderne Frau, wird Tierärztin in Südafrika?

Manche Leute haben, statt Hirn, Seife im Kopf. Klassiker werden Klassiker, wie etwa »Effi Briest« oder »Der Prozess«, weil ihre Geschichte etwas Zeitloses hat, eine Kraft, wie sie kein einziges dämliches Fernsehspiel besitzt. Ist das wirklich so schwer zu kapieren?

2009

Deutschland 09

Dreizehn bekannte Filmregisseure haben Kurzfilme zur Lage der deutschen Nation gedreht, das Ganze heißt »Deutschland 09«. Die Filme sind natürlich unterschiedlich, insgesamt ist der Blick eher düster. Ich habe den Verdacht, dass die meisten Regisseure über ihr Verhältnis zu Deutschland nicht die Wahrheit gesagt haben.

Die meisten Leute leben ganz gern hier, bestimmt auch die meisten Regisseure. Es ist kein übles Land, relativ frei, wohlhabend, sehr skrupulös, ein bisschen entscheidungsschwach, man diskutiert gerne, zum Beispiel über Gerechtigkeit, aber man genießt auch das Leben, macht dumme Witze und spricht mehrere Fremdsprachen. Die Deutschen sind nicht besonders arbeitsam, aber auch nicht faul, sie haben in der Schule und im Fernsehen viel über die Schattenseiten ihrer Geschichte erfahren, deshalb ist ihr Verhältnis zu Deutschland oft distanziert. Aber sie hassen Deutschland auch nicht, dazu müssten sie ja sich selber hassen. Das Land ist weder auffällig aufregend noch auffällig langweilig, weder billig noch teuer, weder extrem sauber noch extrem schmutzig, es will, nach Jahrzehnten des Umsichschlagens, nichts Besonderes mehr sein, es ist auch nichts Besonderes. Außer, dass es immer wieder Filme und Bücher gibt, in denen Deutsche über Deutschland nachdenken, das macht man in den USA oder in Frankreich eher nicht.

Kaum ein Land ist für die Errichtung einer Diktatur weniger geeignet als Deutschland. Autoritäres Verhalten gilt bei uns als extrem unsympathisch. Konflikte werden in Deutschland gerne moderiert und in einem Kompromiss aufgelöst, nach Möglichkeit soll es weder Sieger noch Besiegte geben. In dem Film ist die treffendste Episode deswegen die, in der eine Lehrerin mit Grundschulkindern Demokratie einübt. Ein Junge will beim Völkerball nicht mitspielen, weil der Verlierer von den anderen immer – natürlich auf Englisch! – »loser« genannt wird. Die Kinder diskutieren, stimmen ab und beschließen: Wer noch einmal einen Verlierer »loser« nennt, kriegt einen Tadel. Dieses Land rührt mich zutiefst, ich merke wieder einmal, dass ich es mag. Obwohl diese Reaktion wahrscheinlich von den Filmemachern gar nicht erwünscht war. Shit happens.

2009

Heiner Geißler isst Krabbenfleisch

Ich war nie in China, ich kenne China nur aus Berlinale-Filmen. Alte Chinesen erinnern mich im Kino immer irgendwie an den alten CDU-Politiker Heiner Geißler. Heiner Geißler sagt ständig: »Nicht wahr, nicht wahr.« Der alte Chinese sagt ständig: »Ha! Ha!« Als ich aus »Tuan Yuan« herauskam, dem Eröffnungsfilm, stand vor dem Kino eine junge chinesische Journalistin und interviewte die Besucher.

Ob mir der Film gefallen habe. Ich sagte, dass ich da psychologisch nicht ganz mitgekommen wäre. Ein alter Kuomintangkämpfer (Heiner Geißler 1) darf nach fast sechzig Jahren aus Taiwan zurück nach Shanghai, zu Besuch, wo er damals in den Kriegswirren seine schwangere Frau zurückgelassen hat.

Beide haben wieder geheiratet, Heiner Geißlers zweite Frau ist inzwischen gestorben, die erste Frau hat Heiner Geißler 2 geheiratet und hat erwachsene Kinder mit ihm. Jetzt sagt Geißler 1 zu Geißler 2, der ihn bewirtet und nett zu ihm ist, dass er ihm die Frau wegnehmen wolle. Er nimmt die jetzt mit nach Taiwan, weil, er braucht halt eine. Geißler 2 wiederum, der, wie man vorhergesehen hat, seine Frau sehr mag, stimmt sofort zu, »ha!, ha!«, ohne jede Gemütsregung. Eine finanzielle Entschädigung lehnt er ab, stattdessen fragt er seinen Rivalen, ob er noch ein Stück Krabbenfleisch möchte.

»Und?«, fragte die Chinesin. »Was ist daran denn unklar?«

Na ja, sagte ich, ein deutscher Ehemann, zum Beispiel der echte Heiner Geißler, würde seine Gattin, sofern die Ehe halbwegs harmonisch ist, wohl nicht sofort und ohne jegliches Mienenspiel an den erstbesten Taiwanesen verschenken. »In China«, sagte die Chinesin, »sind persönliche Gefühle nicht wichtig. Der zweite Mann denkt, dass seine Frau mit dem ersten Mann vielleicht glücklicher ist. Das Glück der anderen ist das Wichtigste. Jeder Chinese würde so handeln.«

Warum gibt es in Deutschland überhaupt noch Männer, die Frauen suchen? Man muss einfach nach China fliegen und auf der Straße höflich einen Chinesen fragen.

Gegen Ende kriegt der zweite Mann, der Frauenverschenker, einen Schlaganfall. Es haut ihn einfach um, zack, Rollstuhl. Sein Nebenbuhler sagt zu ihm, natürlich auf Chinesisch: »So ein Schlaganfall ist keine große Sache. Ältere Leute kriegen das nun einmal.« Ich wollte, ich hätte nur einen Bruchteil dieser chinesischen Gelassenheit.

2010

Alles auf Asperger

Vor ein paar Wochen sagte ich auf einer Party zu einer Frau, dass ich Small Talk hasse, sogar Staubsaugen gefiele mir besser. »Sie haben sicher ein bisschen Asperger!«, antwortete die Frau. Asperger sei wie Autismus, nur anders. Ich finde, »Asperger« klingt eher nach einer Mineralwassermarke.

Seit jener Party höre ich das Wort ständig. Asperger ist zurzeit offenbar das, was vor ein paar Jahren Borderline war, davor war es Hochbegabt, davor waren es Depressionen und davor der Ödipuskomplex. Wenn du wichtig bist, musst du es haben. Dann gehe ich also in den Film mit Shah Rukh Khan, dem indischen Superstar. Natürlich spielt Shah Rukh Khan einen Aspergerpatienten.

Diese Krankheit ist so sehr Mainstream, dass man sich wundert, wieso das ZDF noch kein TV-Movie darüber gemacht hat, Christine Neubauer, Iris Berben und Matthias Brandt auf einer Farm in Afrika, alle auf Asperger.

Shah Rukh Khan ist in »My Name is Khan« außerdem ein Moslem in den USA, der verdächtigt wird, Terrorist zu sein. Der Islam ist, neben dem Indischsein, sein zweites Handicap. Wenn ein Held nicht ein, sondern zwei Hindernisse überwinden muss, dauert der Film manchmal 165 Minuten. Shah Rukh Khan spielt Asperger, indem er mit dem Kopf wackelt und jeden Satz zehnmal wiederholt.

Nach etwa einer Stunde ist mir vor allem das Kopfwackeln mehr und mehr auf die Nerven gegangen. Wir reden hier nicht von echter Behinderung. Ich habe im Kino gesessen und gedacht, wenn Khan wirklich krank wäre, dann wäre ich verständnisvoll. Aber er spielt es bloß, deswegen darf ich mir gestatten, genervt zu sein. Wie schön hat doch, im Vergleich, Dustin Hoffman einen Autisten gespielt. Offenbar ist es auch so, dass man bei Asperger die Farbe Gelb nicht sehen will. Sobald Shah Rukh Khan auch nur von Ferne etwas Gelbes sah, bekam er einen hysterischen Anfall. Man kann, in der Therapie, also nicht die derzeit ebenfalls sehr beliebte Behandlung mit Eigenurin verwenden.

2010

Gute Filme

Wenn man ständig Kolumnen zu schreiben hat, können sie nicht jeden Tag gleich gut sein. Usain Bolt rennt auch nicht jeden Tag gleich schnell. Das Gleiche gilt für Regisseure. Ich kenne keinen Regisseur, der immer nur gleich gute Filme gemacht hat, sogar bei Stanley Kubrick und Billy Wilder sind Formschwankungen zu beobachten. Jahrelang gleichermaßen schlechte Filme zu machen, scheint einfacher zu sein. Auch das ist im Journalismus ähnlich.

Aber was ist überhaupt ein »guter Film«? Die Berlinale-Jury wurde dies bei ihrer Pressekonferenz gefragt, sie hat bei der Antwort ziemlich herumgeeiert. Werner Herzog meinte, bei einem guten Film müsse »die Wahrheit durchschimmern«.

Doris Dörrie, eine der erfolgreichsten deutschen Regisseurinnen, hat in einem Interview gesagt, die deutsche Filmkritik habe »ihren Servicecharakter komplett verloren«. Sie wolle, wie Til Schweiger, ihre Filme nicht mehr vorab der Presse zeigen, man werde »sowieso immer verrissen«, ihre eigenen Filme seien halt

»zu erfolgreich«, um von den Kritikern intellektuell akzeptiert zu werden.

Da sind mir die Filme »Liebesgrüße aus der Lederhose« (1973, Regie: Franz Marischka) und »Die Wirtin von der Lahn« (1968, Franz Antel) eingefallen. Beide Filme gehörten zu den erfolgreichsten des Jahres, beide hatten mehr als drei Millionen Zuschauer, fanden sechs Fortsetzungen, und beide haben die Goldene Leinwand gewonnen. Trotzdem wurden sie beide, wegen ihres Erfolges, von den Kritikern intellektuell nicht akzeptiert. Es gibt aber, dies Doris Dörrie zum Trost, so etwas wie historische Gerechtigkeit. In der neuesten Ausgabe des »Heyne Filmlexikons« steht über den Marischkafilm, wörtlich: »Bayerische Buam bumsen brünstige Blondinen. Ein intellektuelles Vergnügen.«

Es gab damals auch, wie heute bei Til Schweiger und demnächst bei Doris Dörrie, keine Pressevorführung, weil auch schon Antel und Marischka dem Servicecharakter der Presse misstraut haben. Das weiß ich deswegen so genau, weil ich, als gerade erst angeheuerter freier Mitarbeiter einer kleinen Lokalzeitung, die erste Filmkritik meines Lebens über »Liebesgrüße aus der Lederhose« schreiben musste. Und ich habe ihn, als einziger deutscher Kritiker, nicht verrissen! Verrisse waren bei der kleinen Zeitung nämlich verboten. Ich brauchte das Geld. An meine Argumente kann ich mich zum Glück nicht mehr im Einzelnen erinnern. Ein ehrlicher Film ist das aber irgendwie schon. Deshalb bin ich der richtige Mann, um mir jetzt sofort Doris Dörries neuen Film »Die Friseuse« anzuschauen. Morgen berichte ich, vielleicht wird dabei Wahrheit durchschimmern.

2010

Friseusen

Der dänische Regisseur Thomas Vinterberg hat sich ein in der Kulturgeschichte einmaliges Experiment vorgenommen. Er hat das Strafgesetzbuch verfilmt. In der ersten Stunde von »Submarino« kommen, falls ich nichts übersehen habe, die folgenden Delikte vor: Körperverletzung im Affekt, Drogenhandel, Kindesmisshandlung, fahrlässige Tötung, Stalking, Kindesentführung, illegaler Drogenkonsum, Diebstahl, Mord, Vergewaltigung, Zuhälterei, räuberische Erpressung, vorsätzliche Körperverletzung, sexuelle Nötigung, Hausfriedensbruch, Inzest, nächtliche Ruhestörung und vorsätzliche schwere Sachbeschädigung einer Telefonzelle.

Danach musste ich gehen, ich habe mich irgendwie niedergeschlagen gefühlt. In welcher Welt leben wir! Aber für Jurastudenten ist das ein toller Film.

Im Friedrichstadtpalast traf ich eine Kollegin, die in der Galapremiere von »Henri IV« gewesen ist, auf Deutsch: Heinrich der Vierte. Zum ersten Mal, seit sie die Berlinale besuche, seien nach Ende der Vorführung etliche Leute aufgestanden und hätten »Scheißfilm!« oder auch »Scheiße!« gerufen. Im Publikum habe eine ähnlich erbitterte und desillusionierte Stimmung geherrscht wie 1989 in der DDR. Ich traf einen anderen Kollegen, der dort war, und fragte: »Worum geht es überhaupt in ›Henri IV‹?« Er sagte, es sei seiner Ansicht nach, im Kern, ein Film über die Brüste der – mir unbekannten – Schauspielerin Chloé Stefani.

»Ja, sind die denn wirklich so furchtbar?«, fragte ich. Keineswegs, antwortete er, aber mit 19 Millionen Euro Produktionskosten und 155 Minuten Filmlänge habe der Regisseur bei der Behandlung dieses durchaus legitimen Themas jegliches Maß verloren.

Eigentlich wollte ich über Doris Dörrie lästern. Doris Dörrie hat in einem Interview gesagt, dass die Kritiker ihre Filme nur aus Neid auf ihren Erfolg verreißen. Das würde bedeuten, alle Filmkritiker hätten einen schlechten Charakter. Bei mir mag das stimmen. Aber doch nicht bei allen! Den Dörrie-Film »Die Friseuse«, über eine dicke, arbeitslose, alleinerziehende, aber nicht unterzukriegende Friseurin aus Marzahn, fand ich allerdings wirklich großartig, der erinnert an die früheren Berlinale-Publikumslieblinge »Irina Palm« und »Happy-Go-Lucky« und ist bis auf Weiteres mein Lieblings-Feelgood-Film.

2010

Glück und so weiter

Gerade habe ich einen Film gesehen, in dem eine Viertelstunde lang Pickel ausgedrückt wurden. Ich habe jetzt fast eine Woche lang Filme gesehen, in denen es Menschen schlecht geht. Die Menschen wurden geschlagen, angespuckt und auf jegliche Weise fertiggemacht. In einem Film vergewaltigt ein Mann, der keine Arme und keine Beine mehr hat, seine Ehefrau, und sie zerquetscht auf seinem von Wunden entstellten Schädel rohe Eier. Die einzige glückliche Liebesgeschichte scheint in einem Kurzfilm vorzukommen, in dem zwei junge Männer mit ihren Hunden Geschlechtsverkehr haben. Alle reden über diesen Kurzfilm, das sei der romantischste Film des ganzen Programms.

Wenn ich ins Kino gehe, frage ich mich vorher nur noch: Was tun sie einander diesmal an? Erwürgt der Held gleich am Anfang seine Partnerin, schlägt er sie erst in der Mitte des Films tot, oder schneidet sie ihm mit einer glühenden Nagelschere die Ohrläppchen ab?

Die Menschen sind doch gar nicht so. Es gibt nette

Menschen! Es gibt Glück! Es gibt Liebe! Hilfsbereitschaft. Zärtlichkeit. Nicht jeder, dem man begegnet, will einen gleich totschlagen oder vergewaltigen oder mit einer Stricknadel durch das Auge ins Gehirn vordringen, um dort Hirnstränge zu durchtrennen. Das weiß man doch. Warum, verdammt, zeigen sie bei der Berlinale nicht endlich mal wieder so was wie »Die Leute von der Shiloh Ranch«? Das ist vielleicht kein großes Kunstwerk, aber, mein Gott, der Film mit diesem bösartigen, beißenden, zähnefletschenden Arm- und Beinlosen war auch keine große Kunst. Ich fordere mehr Sozialrealismus! Ich will Filme mit zwitschernden Vögeln, die gibt es, mit lachenden Kindern, die gibt es, ich will alte Damen sehen, die im Park ihre Hunde spazieren führen, statt sie am Schwanz aufzuhängen oder sexuell zu belästigen. Und Sonne. In den Filmen soll die Sonne scheinen. Kein Schnee. Kein Regen. Nach der Berlinale gehe ich in die Videothek und leihe mir alle Folgen der »Schwarzwaldklinik« aus.

2010

Überall ist Heimat

Morgens, als ich aufwachte, wusste ich: Dieser Tag wird schön. Mein Gott, ich darf zur Berlinale gehen! Die Sonne streichelte meine Haut, meine Muskeln waren geschmeidig, der Kaffee schmeckte wie Champagner. In dem Film »Shahada« ging es um Muslime in Berlin. Man sah, wie eine Muslima abtrieb und den Fötus in die Spree warf. Klar, das war erst mal ein bisschen ein Stimmungskiller. Aber am Ende versöhnte sie sich mit ihrem Vater, einem sehr netten Imam, oder zumindest versöhnte sie sich fast, bevor sie dann, glaube ich, auch in die Spree sprang. Oder war es die Havel?

Der zweite Muslim war schwul, und hatte deswegen eine Menge psychologische Probleme – aber ich bin sicher, auf lange Sicht wird er damit klarkommen, seine Sexualität und seinen Glauben miteinander versöhnen und einfach nur glücklich sein. Der dritte Muslim beging Ehebruch. Muslime sind halt auch nur Menschen und keine Heiligen. Wir sollten einander die Hände reichen, gemeinsam lachen und tanzen, dann gibt es nie wieder Krieg. Der Film war sehr gut, man sah auch viel von Berlin, das ist meiner Meinung nach sowieso die tollste Stadt, egal, wie das Wetter ist. Neben mir saß eine alte Koreanerin, die friedlich einschlief und schnarchte. Ich betrachtete dieses schöne, entspannte, alte Gesicht und dachte: Ein Wunder ist der Mensch, überall findet er seinen Frieden. Überall ist Heimat.

Am Abend vorher war ich beim SPD-Berlinale-Empfang gewesen und habe von der SPD ein Armband mit der Aufschrift »Lebendig. Einig. Mutig.« geschenkt bekommen – einfach so. Andrea Nahles hat mir die Hand gegeben. Wir haben miteinander gescherzt und uns umarmt. Wir sind jetzt Freunde. Im Büro rief meine Chefin an, die beste Chefin der Welt, und sagte, ich solle nicht so miesepetrig schreiben und die Welt positiver sehen. Das ist doch überhaupt kein Problem! Sie sagte, gerade eben würden vor dem Hotel Hyatt drei Männer das Eis weghacken, das Eis kommt weg, kein Star wird jemals mehr stürzen, die drei Männer würden dabei tanzen und singen. Vielleicht waren es ja Muslime.

2010

Goebbels in Namibia

War, wie man in Berlin sagt, in »Jud Süß« gewesen. Moritz Bleibtreu als Joseph Goebbels ist nicht ganz so gut wie Ulrich Matthes, Ulrich Mühe und Sylvester Groth, die ebenfalls in jüngster Vergangenheit den Reichspropagandaminister verkörpern durften. Ich habe das Gefühl, dass die Figur Goebbels der neue King Lear ist. So, wie jeder große Schauspieler früher irgendwann in seiner Karriere einmal den Lear am Burgtheater gespielt haben wollte, spielen heute unsere Besten irgendwann den Goebbels. Wen ich auch gerne einmal in dieser Paraderolle des deutschen Kinos sehen würde: Jürgen Vogel, Daniel Brühl, Sky Dumont, Harald Schmidt.

Wenn das ZDF sein Goebbels-Movie produziert (Goebbels überlebt, hat eine Gesichtsoperation, flieht nach Namibia und baut sich dort eine neue Existenz als Walschlächter und Umweltverpester auf), dann muss endlich mal Veronica Ferres den Goebbels spielen.

Im neuen »Jud Süß« haben die Nazis ständig Sex, damit soll gezeigt werden, wie verdorben sie sind.

Es ist auf jeden Fall eine neue Art von antifaschistischem Film. Bis auf die originellen Sexszenen – Gudrun Landgrebe, am geöffneten Fenster, beim Luftangriff, Penetrator Goebbels hinter ihr, sie vor erotischem Enthusiasmus schreiend, Martina Gedeck, in Strapsen auf einem sich drehenden Plattenteller – ist »Jud Süß II« aber echt ein extrem furchtbarer Film.

Ich habe jetzt auch den Skandalschocker »Geliebt« gesehen, über Männer, die Hunde lieben. Eine Bekannte fragte, ob sie es mit Rüden oder mit Hündinnen tun – erst da wurde mir klar, dass es auch in der Zoophilie, so heißt der Fachbegriff, hetero und homo geben dürfte oder auch maso, zum Beispiel, wenn jemand sich von Hunden, wo auch immer, beißen lässt und dabei Lust empfindet. In diesem Fall sind die Zoophilen hetero. Sie sagen, dass sie bisher nie eine dauerhafte Beziehung aufbauen konnten, eine Hündin sei ihrem menschlichen Partner auch treuer als andere Gefährtinnen und würde nie im Leben was mit einem Rüden anfangen. Allerdings hatten die Männer Angst, ihren Müttern die Schwiegertochter vorzustellen, nicht etwa, weil diese ein Dobermann sei, sondern weil es sehr wahrscheinlich keine Enkel gibt. Die Männer sahen nicht übel aus und waren sehr nett, sie sagten: »Die Bedeutung der Sprache für eine Liebesbeziehung wird überschätzt.« Der Film hat bei mir Vorurteile abgebaut.

2010

Schlechte Filme

Bei einem schlechten Film dürfen zu viele Leute mitreden. Alle zwei Tage kommt jemand, der etwas zu sagen hat, ein Koproduzent oder ein Redakteur, und will etwas. Wenn dagegen ein Regisseur weitgehend freie Hand hat, gibt es zwar keine Garantie, aber immerhin eine Chance, dass der Film gut wird.

Zweite Misserfolgs-Regel: Man versucht, jedes Risiko zu vermeiden. Man möchte garantiert Erfolg haben, man möchte das Publikum keinesfalls überfordern oder irritieren. Als Ergebnis bekommt man, und zwar garantiert, Langeweile.

Dritte Regel: Man möchte große Kunst herstellen oder einen Beitrag zur Lösung eines wichtigen Menschheitsproblems leisten. In Wirklichkeit kann man Kunst nicht planen, man kann mit Kunst auch keine Probleme lösen. Filme können also an zu viel Ehrgeiz genauso scheitern wie an zu wenig Ehrgeiz. Im Journalismus gilt übrigens das Gleiche.

2010

Peitschen aus Hanf

In einer Zeitung stand, als Ausblick auf die Berlinale: »Zwei Themen bestimmen den Wettbewerb, Gewalt und Beziehungsgeschichten.« Da fiel mir auf, dass ich kaum einen Film kenne, in dem nicht Gewalt oder Beziehungsgeschichten vorkommen, oft sogar beides. Es trifft sogar für so gut wie alle Tierfilme zu, zum Beispiel für »Die Reise der Pinguine«. Pinguine leben in stabilen Zweierbeziehungen. Wenn sie im Meer ihre Fische fangen, dann ist dies leider nicht ohne Gewalt machbar. Die Fische wehren sich und versuchen, wegzuglitschen.

Es ist die erste Bio-Berlinale. Sie soll ganzheitlich, nachhaltig, gewaltfrei, behindertengerecht, feministisch, klimaneutral, sensibel, Slow Food und bewusst sein. Am roten Teppich leuchten Stromsparlampen, für die Pressemitteilungen müssen keine Bäume mehr sterben, weil alles per E-Mail kommt, die Tragetasche wird erstmals aus Jute hergestellt, nicht mehr aus Plastik. In einer süddeutschen Zeitung wurde bereits vor Jutenwitzen gewarnt, dies sei geschmacklos.

Das Trinkwasser kommt von der Initiative »Viva con Agua«. 60 Prozent des Gewinns gehen an Trinkwasserprojekte in Entwicklungsländern. Außerdem wird die Berlinale, soweit möglich, mit Ökostrom der Firma Entega betrieben, und das Öko-Institut erstellt eine Analyse des CO_2-Ausstoßes. Ich habe beim Öko-Institut angerufen und gefragt, wie man die Öko-Bilanz eines Filmfestivals erstellt. Der Pressesprecher sagte: »Das ist recht einfach. Wir schauen auf den Stromzähler.«

Natürlich wird auch über eine Frauenquote bei den Preisen diskutiert, nur zehn Prozent der Bären gingen bisher an Regisseurinnen. 2008 stammten aber 29,8 Prozent der Berlinale-Filme von Frauen, neuere Zahlen habe ich nicht gefunden. Und Dieter Kosslick war einst Frauenbeauftragter in Hamburg. Trotzdem windet er sich in Interviews, wenn er auf die Frauenquote angesprochen wird. Er sagt: »Eine Quote würde wenig helfen.« Ich habe recherchiert, der CO_2-Ausstoß von Frauen liegt, wegen des geringeren Körpergewichts, deutlich unter dem von Männern. Dem Klima würde es also durchaus helfen, wenn mehr Frauen auf dem roten Teppich stehen.

Die Frage ist, wie man das alles zusammenkriegt, die Quote, die Ökologie, die Gewalt und die Beziehungsgeschichten. Das Öko-Institut wird bei vier Vorführungen das Publikum befragen, nach dem Transportmittel, mit dem das Publikum gekommen ist. Wenn sie mich fragen, sage ich: »Meine Sklaven haben mich aus

Afrika hergetragen. Die Peitsche ist aus Hanf. Sie kriegen nur Gemüse zu essen. Alle Sklaven sind Frauen. Und ich drehe einen Gewaltfilm über meine Beziehung zu ihnen. Aber ich drehe nur bei Kerzenlicht.«

2011

Identitätsfragen

In der Pressekonferenz zu »Almanya«, der deutschtürkischen Komödie, wurden die Filmemacher nach ihrer Identität gefragt – wie sie sich als deutsche Türken denn so fühlen würden, als was genau sie sich empfinden. Einer der Schauspieler begann seine Antwort so: »Vorhin, hinter der Bühne, haben wir Witze gemacht. Wir haben gesagt, jetzt werden wir bestimmt gleich wieder nach unserer Identität gefragt.«

Das muss ziemlich anstrengend sein. Ich stelle mir vor, ich müsste andauernd die Frage beantworten, wer ich eigentlich bin. Was antwortet man da? Weiß man es überhaupt? Ich bin, unter anderem, Deutscher, Mann, Autor, Berliner, Rheinländer, Vater, Sohn, das und manch anderes hat mich zweifellos geprägt, manchmal ergänzt es sich, manchmal widerspricht es sich. Und ein bisschen Individuum ist man ja auch. Aber man kann sich da unmöglich entscheiden. Man kann zum Beispiel nicht sagen, also, unter dem Strich, ich bin wohl eher ein Autor als ein Deutscher.

Die Frage nach der Identität ist in der Regel nicht

böse gemeint, aber es gibt darauf nicht die Art von eindeutiger Antwort, die der Fragesteller sich vermutlich erhofft. In dem Film heißt es, man sei all das, was es auf der Welt nicht gäbe, wenn man nie gelebt hätte. In der Pressekonferenz sagte ein Schauspieler, wahrscheinlich sei er ein »moderner Europäer«.

Die politische Komödie »Almanya« wird für das Verhältnis zwischen Deutschdeutschen und Deutschtürken ungefähr das leisten, was »Good Bye, Lenin!« für Ostdeutsche und Westdeutsche geschafft hat. Man wird gemeinsam lachen. Der Film wird vermutlich sehr erfolgreich sein und hat es verdient. »Almanya« wirkt wie eine direkte Reaktion auf die Thesen von Thilo Sarrazin, es ist eine überzeugende Antwort, weil einfach nur eine Familiengeschichte erzählt wird. Außerdem braucht die Berlinale im Hauptprogramm wenigstens einen oder zwei Filme, aus dem die Leute beschwingt herauskommen – vor drei Jahren war es zum Beispiel »Irina Palm«, diesmal ist es »Almanya«. Vielleicht wäre es klüger gewesen, »Almanya« erst als Erholungsmaßnahme gegen Ende des Festivals zu bringen, wenn die meisten Kritiker schon völlig fertig sind von den politischen Filmen, die nicht so leichtfüßig und intelligent sind wie dieser.

2011

Konsensfilme

Kritik in Kürze: Der Tschernobylfilm im Wettbewerb sah aus wie ein schlechtes russisches Musikvideo. Russen saufen viel, prügeln sich gern und stehen beim Sex nicht unbedingt auf Zärtlichkeit. Dass in der Gegend um Tschernobyl jetzt tausend Jahre lang keine Popkonzerte mehr stattfinden, findet man nach diesem Film uneingeschränkt gut.

Aber es ist kein Konsensfilm. Das Wort »Konsensfilm« stand in einer Kritik zu »Almanya«. Der Film sei lustig, unterhaltsam, sympathisch und alles, aber abzulehnen, weil er ein Konsensfilm ist. Abgesehen davon, dass diese These nicht stimmt – jenseits der um sich selbst kreisenden, linksgrünen Feuilletonwelt würde so mancher »Almanya« Verharmlosung von Integrationsproblemen vorwerfen –, steckt dahinter wieder die alte, in Deutschland besonders beliebte These, dass Kunst wehtun muss.

Demnach wäre »Moby Dick« ein schlechtes Buch, viel zu spannend. Welchen Schaden die These »Kunst muss wehtun« anrichtet, sieht man jeden Tag bei der

Berlinale. Wenn das Publikum scharenweise aus dem Kino flüchtet, denken manche Regisseure, dies sei der Beweis dafür, dass sie große Künstler sind. Manchmal tut Kunst weh, und muss es, manchmal aber auch nicht. Es gibt da keine Regel.

Kritik in Kürze, zwei: Der Werner-Herzog-Film über Höhlenmalerei, interessant und lehrreich. Aber 3-D nervt allmählich.

Peter Alexander ist tot. Er war ein ganz Großer, schreiben alle. Was wäre gewesen, wenn kurz vor der Berlinale nicht der Filmproduzent Bernd Eichinger gestorben wäre, sondern der Schauspieler und Regisseur Til Schweiger? Dann würde eine Til-Schweiger-Retrospektive laufen, sie würden den Til-Schweiger-Preis für junge Filmemacher verleihen, und im Feuilleton würde sinngemäß stehen: »Schweiger lebte das Kino. Til Schweiger, ein Magier des Unterhaltungsfilms. Der letzte Titan.« Zu Eichingers Lebzeiten war Eichinger bei den Kritikern nämlich etwa ebenso beliebt wie heute Til Schweiger. Konsensfilme am Fließband. Deshalb mein Rat an alle Filmschaffenden, die in diesen Tagen, zu Recht oder zu Unrecht, verrissen oder unfreundlich behandelt werden: Stellt euch einfach vor, ihr seid tot. Alle werden euch vermissen. Ich stelle mir das jeden Tag vor.

2011

Mal jemand anders sein

Der Film »Die Frauen aus der sechsten Etage« ist total süß, eine total süße Liebesgeschichte. Er ist Großbürger, sie ist Dienstmädchen. Süßer geht es doch kaum. In einer Kritik stand, der Film bediene das konservativ-neoliberale Vorurteil, man könne auch ohne Geld glücklich sein. Diese Kritikerin hat ein Rad ab. Ich finde, man darf Filme nicht ideologisch beurteilen. Wenn ein Film zum Beispiel kommunistisch ist und er preist den Kommunismus auf überzeugende Weise, dann hat der Künstler doch erreicht, was er wollte und einen guten Job gemacht. Ich finde das dann auch gut und bin im Kino halt neunzig Minuten lang Kommunist, ich finde da nach dem Film schon wieder heraus.

Das ist doch das Tolle am Kino, man ist mit dem Kopf woanders. Diese Kritikerin sollte sich mal ein bisschen locker machen.

In dem Film saß ich neben einem Kollegen, der seit Jahren nicht mehr mit mir redet – ich hatte das bemerkt, und wusste nicht, wieso. Das ist an sich ein netter Kollege. Nun redeten wir, und er sagte, ich hätte vor Jahren mal gesagt, er sei ein Faschist. Wir hätten uns über einen Film gestritten. Er habe mir das übel genommen. Er sei nämlich gar kein Faschist. Ich sagte, unmöglich, so was würde ich nie sagen. So bin ich nicht. Vielleicht habe ich gesagt: »Siehst du denn nicht, dass dieser Film falsch ist?«

Aber er beharrte darauf. Habe ich einen Doppelgänger? Deswegen erkläre ich: Wenn jemand behauptet, alle Filme sind schlecht, in denen Leute auch ohne Geld glücklich werden, dann irrt diese Person. Aber sie ist keine Faschistin. Das kann trotzdem eine ganz tolle Frau sein. Danach war ich beim Filmempfang der SPD. Ich gehe da jedes Jahr hin. Warum eigentlich? Manchmal ist der Mensch sich selbst das große Rätsel. Jemand sagte, dass der SPD-Vorsitzende Sigmar Gabriel und der Sänger Gunter Gabriel miteinander verwandt seien, Halbbrüder, das wisse kaum jemand. Ja, ja, sagte ich, und Peter Gabriel ist der dritte Bruder, die Gabriels sind so was Ähnliches wie die Bee Gees, nur, dass sie keine Falsettstimmen haben, stattdessen SPD-Parteibücher. Ich halte das für Quatsch. Aber inzwischen weiß ich überhaupt nicht mehr, was ich glauben soll.

2011

Rolf Eden und die Kinder

Eine Kollegin schrieb mir, dass ihr zehnjähriger Sohn in diesem Jahr drei Kinderfilme im Festival gesehen hat. In allen drei Filmen hätten die Kinder Selbstmord begangen. Sie findet das ein bisschen eintönig und vorhersehbar. Kann das Kind denn nicht mal einen Mord begehen, rechtsradikal werden, die Mutter vergewaltigen, die Stadt niederbrennen oder Nachbars Katze mit der Kettensäge zerfetzen? Die Welt ist doch so bunt, Kinder haben so viel Fantasie.

Außerdem sprach mich eine ältere Dame an, sie war über einen dänischen Kinderfilm empört, in dem die Kinder sexuell missbraucht werden. Sie begehen aber keinen Selbstmord! Offenbar wird das Kinderfilmfest gegen Ende dann doch ein bisschen sonniger.

»The Future« war der erste Film meines Lebens, in dem die Erzählerin eine Katze ist. Sie wird aber am Ende eingeschläfert – zu Recht heben Kollegen hervor, dass in diesem Jahr nicht nur ungewöhnlich viele Kinder sterben, sondern auch viele Tiere. Vielleicht gibt es da auch schon eine Quote. 30 Prozent aller Tiere und Kinder müssen im Film umgebracht werden. Eigentlich ist die Erzählerin also eine tote Katze, was das Projekt der Autorenfilmerin Miranda July künstlerisch noch ehrgeiziger macht. Miranda July hat blaue Augen, nun, das steht in jeder Kritik. Außerdem gibt es in dem Film ein lebendes T-Shirt, das Miranda July immer hinterherkriecht, und ein Kind, das im Garten ein Loch gräbt, um sich darin umzubringen. Der Film läuft erstaunlicherweise im Wettbewerb statt im Kinderfest, er ist nicht übel. Filme, in denen blauäugige Frauen Katzen töten, mag ich.

Wer Lebensfreude inhalieren möchte, ist in »The Big Eden« gut aufgehoben. Zur Premiere waren fünf oder sechs der sieben Kinder des alten Playboys Rolf Eden gekommen. Sie lieben ihn. Es ist auch völlig unmöglich, Rolf Eden nach diesem Film unsympathisch zu finden, egal, wie man seine Lebensweise beurteilt. Er gibt einfach alles zu. Jawohl, er ist Exhibitionist, sexsüchtig und geldgeil, aber abgesehen von diesen unantastbaren Prämissen seines Lebens ist er freundlich, großzügig und ehrlich zu allen Menschen. Falls es einen Himmel gibt, dann wird sich dort ein Plätzchen für Rolf Eden finden.

2011

Das Nordkorea Europas

Führer, befiehl, wir lachen. Pointen müssen rollen für den Sieg. Unsere Mauern brechen – unser Zwerchfell nie. An dem Genre der Nazi-Comedy stört mich nur ein bisschen das vorhersehbare Ende, als gebildeter Mensch weiß man halt, wer den Krieg gewinnt. Aber wer schöne Uniformen, alte Mercedes-Cabrios und Schäferhunde mag, der fühlt sich in »Mein bester Feind« bestimmt wohl. Moritz Bleibtreu hat kürzlich Goebbels gespielt, diesmal darf er einer von den Juden sein. Die Juden sind in den Nazi-Comedys meistens die etwas langweiligeren Rollen, weil sie immer übertrieben gut und gütig sein müssen. Müssen Opfer immer gute Menschen sein? Die Nazis haben doch bei ihren Opfern, soweit ich weiß, vor der Verhaftung keine Charaktertests durchgeführt.

Warum nicht mal Moritz Bleibtreu als Sophie Scholl? Bleibtreu ist ein toller Schauspieler. Aber dass er nach drei Jahren im KZ kein einziges Kilo abgenommen hat und sogar noch seine Frisur perfekt sitzt, das ist irgendwie Wasser auf die Mühlen der Rechtsradikalen.

Dann ging ich zur Bayerischen Landesvertretung, irgendein filmpolitischer Event mit Weißbier und Brezn. Im Foyer lagen bergeweise Prospekte. Wenn man sie aufschlägt, sieht man als Erstes das Bild einer Dame mit dreifacher Perlenkette, es ist Emilia Müller, Staatsministerin für Bundes- und Europaangelegenheiten, ihr Grußwort beginnt stilsicher mit den Worten »Grüß Gott!«. Wenn man umblättert, sieht man ein Foto mit der Bildunterschrift »Staatsministerin Emilia Müller im Bundesrat« sowie ein zweites Foto mit der Bildzeile »Horst Seehofer und Emilia Müller im Bundesrat«, zwischen beiden Fotos befindet sich ein Text mit der Überschrift: »Staatsministerin Emilia Müller – Bayerns Vertreterin in Berlin«. Ich blätterte nochmals um. Der interessierte Bürger gelangt nun zu einem Foto, unter dem steht: »Emilia Müller bei einem Pressegespräch«. Presse sieht man allerdings nicht, lediglich Emilia Müller, umringt von Mikrofonen und frisch frisiert. Das Foto daneben zeigt eine Dame mit Perlenkette, umringt von drei Herren, die aufmerksam ihren Worten lauschen, darunter: »Emilia Müller im Gespräch mit Mitarbeitern«.

Wenn Berlin das New York von Europa ist, dann ist Bayern offenbar das Nordkorea von Europa.

2011

Falsche Mittel

Es gibt viele Spielfilme über die RAF und den deutschen Terrorismus. Wenn Hitler und Goebbels seit ein paar Jahren die attraktivsten Männerrollen für deutsche Darsteller sind, im politischen Film jedenfalls, dann sind Ulrike Meinhof und Gudrun Ensslin wahrscheinlich die attraktivsten Frauenrollen. Warum? Aus dem gleichen Grund, aus dem fast jeder Schauspieler irgendwann den Faust oder den Mephisto geben möchte. Die Frage nach »gut« und »böse«, nach »richtig« und »falsch« stellt sich an fast jedem Tag des Lebens, meistens in den kleinen Dingen, hier werden sie ganz groß verhandelt.

»Wer wenn nicht wir« von Andres Veiel ist der beste RAF-Film, den ich bisher gesehen habe – nicht, weil er meisterhaft inszeniert wäre, das ist er nicht, er hat Längen.

Veiel wirft aber einen differenzierteren Blick auf die Terroristen als andere. Sie sind keine schicken Rebellen, die sich, mit den falschen Mitteln, gegen das Erbe der Nazis auflehnen. Sie sind, im Gegenteil, noch völlig gefangen in deren Denkmustern. Ein Leben zählt nichts, Ideen zählen alles. Heroismus ist sehr wichtig. Wer zurückbleibt, um den ist es nicht schade. Die RAF-Leute sind aber trotzdem keine »Linksfaschisten«, wie ihnen manchmal vorgeworfen wurde, sie sind traumatisiert, sie stehen unter Wiederholungszwang. Am Anfang des Films erschießt der Nazidichter Will Vesper die Katze seines Sohnes, danach erklärt er dem Sohn liebevoll und geduldig, warum das so sein muss. Anschließend erzählt der Film die gleiche Geschichte ein zweites Mal, diesmal geht es nicht mehr um Katzen, sondern um Menschen.

2011

Underground!

Lemke, Klaus, 71, ist, zusammen mit Lothar Lambert und Rudolf Thome, einer der letzten echten Autorenfilmer, und definitiv einer der letzten Cowboys. Früher waren seine Filme sogar erfolgreich. Er hat, so heißt es, Iris Berben, Cleo Kretschmer und Wolfgang Fierek fürs Kino entdeckt. Jetzt aber hat der alte Lemke das Gleiche getan wie sein Kollege Helmut Dietl, er hat einen Berlin-Film aus Münchner Sicht gedreht. »Berlin für Helden«. Die Berlinale, genauer: das Panorama, hat den Berlin-Film abgelehnt. Lemke ist so was von sauer.

Vor Festivalbeginn wurde »Berlin für Helden« im Soho House gezeigt, für ein paar Journalisten. Fest steht, dass bei der Berlinale schon schlechtere Filme als dieser im Programm waren. Das heißt natürlich nicht viel. Man sieht junge Menschen, die nach Berlin kommen, um dort nach Geld und nach Sex zu suchen, vor allem Letzteres wird auch mehrfach gefunden. Vom Körper seiner Darstellerin Saralisa Volm war Lemke stark beeindruckt, sie darf fast immer oben herum nur einen BH tragen, auch in gesellschaftlichen Situationen, in denen dies unüblich ist. Wenn sie Lust auf Sex hat, sagt sie: »Ich hätte jetzt gerne ein bisschen Traffic.« Berlin aber sieht in »Berlin für Helden« aus wie das Schwabing von 1966. Bohème, wohin man schaut. Ja, vielleicht ist Berlin heute so, wie München mal war. Damit hat Lemke, anders als Helmut Dietl, immerhin eine Art Idee von Berlin.

Der letzte Autorenfilmer hat also ausgerechnet in Berlin den letzten Schwabing-Film gemacht, mit ekligen, großmäuligen Männern, die Sonnenbrillen und dämliche Hüte tragen, und mit masochistischen Frauen. Früher nannte man solche Frauen »Miezen«. Je ekliger ein Typ ist, desto mehr fahren sie auf ihn ab. Die Laiendarsteller sind von sehr unterschiedlichem Begabungsgrad. Dass es keine Dramaturgie gibt und keine richtige Geschichte, ist bei so einem Projekt Ehrensache.

In einem Satz: »Berlin für Helden« sieht aus wie die Undergroundversion von »Zur Sache, Schätzchen«. Der Film ist nicht gut, aber sehr persönlich, er hat eine gewisse Power. Hat gestern, bei der Eröffnung der Berlinale, der Regisseur Klaus Lemke dem Festivalchef Dieter Kosslick wirklich seinen nackten Hintern gezeigt? Aus Protest? Vor allen Leuten? Klaus Lemke hatte es im Vorfeld des Ereignisses angekündigt. Ich fände es richtig. Ein Quantum Underground kann der Berlinale nicht schaden.

2012

Wer darf sagen, wie es war?

Angelina Jolie ist eine erfolgreiche Schauspielerin. Viele sagen: Sie sieht gut aus. Ihr Mann ist ein Supertyp. Die Beziehung dauert schon lange. Angelina Jolie ist engagierte Mutter. Ihr Mann sagt, dass der gemeinsame Sex trotzdem immer noch toll sei. Angelina Jolie wirkt sympathisch, uneitel, sie engagiert sich auch politisch. Und jetzt hat sie, als Regisseurin, auch noch einen differenzierten, engagierten, uneitlen Film gemacht, er heißt »In the Land of Blood and Honey«, Schauplatz ist der jüngste Balkankrieg. Was kommt als Nächstes? Die Moderation von »Wetten, dass...«? Gegen Angelina Jolie wirkt Ursula von der Leyen wie eine verschlafene Hippiebraut.

Nach dem DDR-Drama »Barbara« glaube ich, aus dem Kino kommend, genau zu wissen, was einige Kritiker dem Film vorwerfen werden. Kollegen mit DDR-Hintergrund werden dem Regisseur Christian Petzold vorwerfen, dass er nie in der DDR gelebt hat. Der kann uns doch wirklich nicht erzählen, wie es war. Außerdem würde dieses oder jenes Detail nicht stimmen.

Der Film will aber gar nicht erzählen, »wie es war«. Er will einfach eine Geschichte erzählen und benutzt dazu die DDR. So, wie der Italiener Roberto Benigni in »Das Leben ist schön« ein Nazi-Konzentrationslager benutzt hat, um etwas über Hoffnung und Fantasie zu erzählen. Die echten Lager waren anders, schon klar.

Die Deutungshoheit über die Vergangenheit liegt zum Glück nicht bei denen, die dabei waren. Tatbeteiligte, egal ob Täter, Opfer oder unbeteiligte Zeugen, sind schlechte Richter. Nicht auszudenken, wenn es über die Nazizeit nur Filme von Deutschen gäbe, die damals – irgendwie – dabei waren, nichts von Steven Spielberg, von Quentin Tarantino, Roberto Benigni oder Claude Lanzmann.

In Serbien wird Angelina Jolie natürlich vorgeworfen, dass sie nicht wissen kann, wie der Balkankrieg wirklich war. Das können nur Serben wissen. Eine Zeitung schrieb, Frau Jolie sei mal mit einem serbischen Liebhaber zusammen gewesen. Der hat sie verlassen. Mit ihrem Film will sie sich jetzt rächen.

Zu Christian Petzold fiel mir ein, dass ich vor Ewigkeiten in Oberhausen einen Film über weiße Rapper gesehen habe. Damals war das Rappen noch neu, es gab fast nur schwarze Künstler. Auf dem Podium tobten hinterher zwei schwarze Rapper vor Wut. Weiße könnten nicht wissen, worum es beim Rappen überhaupt geht. Ein Jahr später tauchte Eminem auf.

2012

Kinoanzeigen

Wenn man über einen Film vier Verrisse gelesen hat, kann dieser Film eigentlich nur eine positive Überraschung sein. Mein Tipp: Man besuche Kulturveranstaltungen, die, laut Kritik, unterirdisch schlecht sind. Sie sind immer besser als erwartet. Die Schauspieler in Helmut Dietls »Zettl« sind durchweg gut. Einige Dialoge sind brillant. Man versteht wieder mal all die Leute, die sagen, in der DDR oder unter Saddam Hussein oder im Knast sei nicht alles schlecht gewesen. Das ist sicher ebenfalls richtig.

In einer Zeitungsanzeige hatte ich jede Menge positive Kritikerstimmen zu »Zettl« gelesen. Das fand ich seltsam, das Echo war doch zu 90 Prozent negativ. Allerdings enthielten die Zitate auffällig oft drei Punkte. Die *Zeit* sagt zu »Zettl«, laut Anzeige, das Folgende: »Brillant... furios...« Auf *kino.de* hieß es: »Mit seiner... Hauptstadtkomödie zeigt sich Helmut Dietl in Bestform.«

Als Erstes wollte ich wissen, welches Adjektiv aus *kino.de* sich hinter den drei Punkten verbirgt, was also von der Werbeabteilung gestrichen wurde. Das gestrichene Adjektiv heißt »hinterfotzig«. Vor diesem Wort hatten sie Angst. Offenbar wollen deutsche Kinobesucher auf gar keinen Fall »hinterfotzige« Filme sehen. Sind wir wirklich so engstirnig?

Dann habe ich in der *Zeit* das vollständige Zitat nachgelesen, welches in der Anzeige mit »brillant« zusammengefasst wurde. Es heißt: »Dem Film fehlen trotz seiner brillanten Besetzung die Seele und das Geheimnis.«

Freundschaftsdienste gibt es überall, auch in der Filmkritik. Deshalb werden zum Beispiel Münchner Regisseure in Münchner Zeitungen immer freundlicher besprochen als anderswo. Bei Dietl stimmte diese Regel seltsamerweise nicht. Vielleicht, weil Berlin in »Zettl« trotz allem irgendwie interessanter wirkt als München. Ein Sündenbabel, in dem verkommene Menschen ständig bei bester Laune Sex und Drogen konsumieren. Liebe Münchner: Wir würden's gern ändern, aber so sind wir halt.

2012

Ein Penis im Glück

Manchmal gehe ich in Filme, über die ich fast nichts weiß. Über »Mommy is Coming« hatte ich im Programm gelesen: »Frauen gehen Erfahrungen sammeln.«

In der Schlange standen hauptsächlich ältere Damen, fast keine Männer. Der Film fängt damit an, dass zwei Frauen in Berlin Taxi fahren. Eine holt eine Pistole heraus, streift ein Kondom über den Lauf der Pistole und hat dann mit der anderen Frau im Taxi Sex, und zwar mithilfe dieser Pistole. Sie fahren in einen Klub, wo nur Frauen sind, die aber alle riesige Gummipenisse umgeschnallt haben, damit umherlaufen und es auf eine recht raubeinige Art miteinander tun, also mit Beißen und Schlagen und solchen Sachen. Außer mit den Penissen sind sie mit Eisenketten und stachligen Hundehalsbändern bekleidet. Das alles habe ich so weit verstanden.

Aber warum die Frauen über diese Gummiapparate Kondome tun, ist mir schleierhaft. Kann man von einem Gummipenis schwanger werden? Oder sich was holen? Das war mir neu.

Die Handlung geht so: Die Mutter der Hauptdarstellerin kommt zu Besuch nach Berlin. Ein junger Typ hat Sex mit ihr. Dass der junge Typ in Wirklichkeit eine Frau ist und der Penis aus Gummi, kriegt jeder mit, bloß die Mutter nicht. Dann setzt die Mutter eine Augenmaske auf und ihre Tochter hat, wieder ohne dass diese wirklich begriffsstutzige ältere Dame es mitkriegt, ebenfalls Sex mit ihr. Anschließend kommen Interviews mit Frauen, die alle sagen, dass sie gerne mit ihren Müttern Sex hätten. Eine Frau sagt, dass ihre Mutter das aber sehr wahrscheinlich ablehnen würde. Die Botschaft des Films lautet, dass Mütter und Töchter nicht immer am gleichen Strang ziehen.

Nach dem Film traf ich im Aufzug eine Kollegin. Die Schauspielerinnen, fanden wir beide, seien trotz der zweifelhaften Qualität des Gesamtfilms schon ziemlich süß gewesen. Wir unterhielten uns eine Weile über den Film, bis ich die Gummipenisse erwähnte. Da stellte sich heraus, dass die Kollegin gar nicht in »Mommy is Coming« gewesen war, sondern in »Glück« von Doris Dörrie. Es war eine Nacht der Verwechslungen.

2012

Das Schweigen der Ziegen

Was es nicht mehr zu geben scheint, sind französische Filme, in denen pausenlos geredet wird. Adieu, Éric Rohmer und Jean-Luc Godard. Stattdessen haben sie in Frankreich endlich mal wieder einen Stummfilm gemacht, »The Artist«, das wurde auch Zeit. Redefilme kommen heutzutage aus Deutschland. In »Angriff auf die Demokratie« von Romuald Karmakar sieht man nacheinander neun Intellektuelle, Harald Welzer, Roger Willemsen, Franziska Augstein und so weiter. Jeder Intellektuelle kritisiert aus Anlass der Eurokrise genau zehn Minuten lang die Gesellschaft. Alle sagen, es geht so nicht weiter, wir müssen was machen. In der Mitte des Films sieht man dann sechs Minuten lang Ziegen, die schweigend Gras fressen.

Ziegen reden nicht. Ziegen tun was.

Auf dem Weg zum Kino sprach mich eine Frau an. Sie sagte: »Ihr letztes Konzert war atemberaubend. Wo holen Sie bloß diese hohen Töne her?« Ich sagte: »Das weiß ich auch nicht. Die hohen Töne kommen einfach.« Es gibt wahnsinnig viele Verrückte auf so einer

Berlinale. Am nächsten Tag begegneten mir zwei Männer mit Anzügen, sie sagten: »Wir machen die Tournee, oder?« Ich sagte, alles klar, bucht die Hotels. Aber als dann ein weiterer Typ mich ansprach, der wissen wollte, wie meine letzte Platte sich verkauft, habe ich zurückgefragt. Seitdem weiß ich, dass ich aussehe wie der Zwillingsbruder eines britischen Heldentenors, der Drummond Walker heißt. Der letzte Typ war sogar ein enger Freund von ihm, er sagte, ich müsse ein Klon sein von diesem Walker. Ich schwieg, was denn sonst.

2012

Pu, der Bär

In »Gnade« von Matthias Glasner, 130 Minuten, mit Jürgen Vogel und Birgit Minichmayr, wurde wahrscheinlich ein Weltrekord der Filmgeschichte aufgestellt. Noch nie hat es einen Film gegeben, in dessen Dialogen die Protagonisten einander so viele Fragen stellen.

Der Film bestand, ähnlich wie das Leben, fast nur aus Fragen. In den Pausen wurden norwegische Volkslieder gesungen. »Gnade« spielt nämlich in Norwegen, was nicht unbedingt nötig gewesen wäre, außer, man will als Regisseur in seinem Werk unbedingt norwegische Volkslieder unterbringen. Ich habe einen Teil der Dialoge mitgeschrieben.

Seid ihr betrunken, oder was ist los? Warum weinst du? Warum antwortest du nicht? Hast du wieder Nachtschicht?

Hast du die Zeitung versteckt? Wo hast du die Zigaretten her?

Können wir privat sprechen? Was? Du weißt, dass wir niemals davon erzählen dürfen? Du hast mit der Frau in

Kiel Schluss gemacht? Hat sie geschrien? War sie noch gar nicht tot?

Was? Was? Du willst gar nichts sagen?

Stine ist auf und läuft rum? Ist Björn auch da? Bist du Mette? Wo ist Markus? Bist du Niels, der Mann von Maria? Und was ist mit dir und Niels? Ist Niels bei Mama?

In Kiel hattest du auch eine? Ist das nicht schön?

Haben wir eigentlich noch eine Affäre? Seit sechs Monaten vögelst du mit mir und dann ist plötzlich Schluss? Du glaubst, du kannst einem in den Rucksack spucken und dich dann einfach nur entschuldigen? Was habt ihr gedacht, was jetzt passieren sollte?

Leg nicht auf, wenn ich mit dir rede, okay? Dann geh ich alleine, ja? Nichts mehr zu sehen, oder?

Wieso hast du das jetzt gemacht? Was, dachtet ihr, passiert jetzt? Was? Was erwartet ihr? Was hat das eine mit dem anderen zu tun?

Wer schießt schon auf Hunde?

Wer würde diese Leidenschaft tauschen wollen gegen Sicherheit? Gibt es wirklich wahres, ehrliches Mitgefühl auf der Welt? Wer kann das je wissen?

Schon wieder Pizza? Das ist alles? Möchtet ihr einen Kaffee? Willst du Kuchen? Wann? Sollen wir brüllen? Sollen wir euch schlagen? Sollen wir zur Polizei gehen?

Hoffentlich macht das nicht Schule.

2012

Lob des Schlussmachens

Zu Beginn der Berlinale muss man sich einen Terminplan machen. Dazu setze ich mich meistens ins Café. Am Nebentisch saß ein Paar. Nach ein paar Minuten merkte ich, dass gerade ein Trennungsgespräch stattfand. Ich wollte nicht zuhören. Es ließ sich aber nicht vermeiden. Ich bekam immer wieder Wortfetzen oder einzelne Sätze mit.

Sie: »Dass du es ausgerechnet gemacht hast, während ich schwanger war.« Er: »Wir sollten respektvoll und zugewandt miteinander umgehen.«

Währenddessen versuchte ich, zahlreiche Filme in meinen Terminkalender zu integrieren, in dem es um genau diese Sachen ging. Am liebsten wäre ich zum Nebentisch gegangen und hätte gesagt, Wahnsinn, ich erlebe gerade was Paranormales. Ein Avant-vu.

Er: »Ich regele das.« Sie: »Du hast genug Zeit gehabt.«

Zwischendrin schwiegen beide minutenlang und starrten auf ihre Kaffeetassen.

Ich versuchte, immer nur ganz konzentriert auf

meine Blätter zu schauen. Zurück zum Terminplan. In »Before Midnight« geht die jahrzehntelange Liebesgeschichte zwischen Julie Delpy und Ethan Hawke in die dritte Runde, nach »Before Sunrise« und »Before Sunset«. Sie trennen sich. Vielleicht.

Dann war ich im Eröffnungsfilm, »The Grandmaster«. Während aber das Paar in dem Café tatsächlich Schluss gemacht hatte, wollte dies dem Regisseur Wong Kar-Wai einfach nicht gelingen. Etwa 30 der 120 Minuten gingen für Schlussszenen drauf. Und noch 'ne Großaufnahme. Und noch ein weinendes Abschiedsgesicht. Und noch mal voll die Streicher. Als der Abspann lief und die Filmkritiker alle aufgestanden waren, brachten sie tatsächlich, ohne ersichtlichen Grund, erneut drei Minuten Schlussszene. Ich hätte am liebsten das Paar aus dem Café angerufen und den beiden gratuliert, irgendwann muss auch mal Schluss sein.

2012

Im Bahnhofskino

Ich wollte den Film »Lovelace« sehen, ein sogenanntes Biopic, dieses Wort dürfen Sie gern nachschlagen. Das Biopic handelt von einem Sexfilmstar der Siebzigerjahre, Linda Lovelace. Den berühmten Film »Deep Throat«, in dem Lovelace die Hauptrolle spielt, habe ich seltsamerweise nie gesehen.

Seltsamerweise, weil ich in den Siebzigern jahrelang Sexfilme für eine kleine Zeitung besprechen musste. Ich war der jüngste und rangniedrigste Mitarbeiter des Kulturressorts, und der Ressortleiter vertrat die Ansicht, dass jedes noch so angeranzte Kino, falls es Anzeigen schaltet, als Gegenleistung eine Besprechung kriegen muss, und zwar eine eher positive. Ich saß also mit 21, 22 Jahren im Bahnhofskino und zerbrach mir den Kopf darüber, warum »In der Lederhose wird gejodelt Teil 2« ein super Film sein könnte.

Ich habe sogar teilweise die Dialoge mitgeschrieben, ich dachte, Filmkritiker tun so was. Die anderen Männer im Bahnhofskino dachten, dass ich eine besonders kranke Perversion besitzen muss, denn außer mir schrieb keiner mit. Mein Leben könnt ihr ruhig auch mal verfilmen.

Im Parkhaus ging mein Autoradio nicht aus. Ich habe ein neues Auto. Bisher hatte ich immer Autos mit Sexappeal, Cabrios, Oldtimer, jetzt ist es ein Dacia, aus Vernunftgründen, und ich kann das Radio nicht ausmachen. Ich weiß echt nicht, was ich jetzt tun soll.

In der Schlange traf ich einen Kollegen, der mir den deutschen Western »Gold« beschrieben hat. Das ist das Tolle bei einer Berlinale, man kriegt oft Filme erzählt. »Gold« muss wahnsinnig lustig sein, aber unfreiwillig lustig. Der Kollege sagt, es sieht aus wie ein High-Budget-Film von Helge Schneider. Auch weil ein Typ dauernd Banjo spielt. Nina Hoss würde in »Gold« aussehen wie die junge Hildegard Hamm-Brücher, also gut, aber auch sehr streng. Leute brechen in den Westen auf, und einer nach dem anderen stirbt oder haut ab, es erinnert wohl auch an »Stalingrad« von Joseph Vilsmaier, nur ohne Russen. Klar, Nina Hoss bleibt übrig.

Von »Lovelace« habe ich nicht viel mitgekriegt, weil ich dauernd an das Autoradio denken musste, das Radio lief ja immer noch, da unten in der Tiefgarage. Die Pornobranche der Siebzigerjahre sieht dieser Film jedenfalls kritisch, alles andere hätte mich auch überrascht.

2013

Nackte Rabbis sieht man besser

Ich weiß jetzt schon, welche Filmszene dieses Jahres mir lange im Kopf bleiben wird. Es ist der strippende Rabbi, der mit Rabbinerbart und Rabbinerhut, aber mit nacktem Unterkörper über einer leeren Flasche hockt. Dann nimmt er den Flaschenhals ganz vorsichtig mit seinem Anus auf, und scheißt, ich glaube, eine Thorarolle in die Flasche hinein. Starke Bilder, das ist es ja, worauf man bei einem Festival wartet.

Der nackte Rabbi, der ursprünglich tatsächlich Rabbiner werden wollte, bevor er sich, vermutlich nicht zur Freude seiner frommen Eltern, für die Performance entschied statt für die Religion, sagt, dass Juden seine Show mögen. Zitat: »Juden finden es schön, dass Judentum auch einen hohen Unterhaltungswert haben kann.«

Man nennt diese Form der Unterhaltung nicht Strippen, sondern Burlesque. Es ist künstlerischer als Strippen. Eine Frau zieht sich zum Beispiel auf einer Bühne aus und legt vor dem Publikum perfekt ein Ei, und zwar aus der Vagina heraus. Das Ei isst sie dann auf, es ist nämlich hart gekocht. Eine andere Frau kann mit den Schamlippen winken wie andere Leute mit den Händen. Sie sagt: »I am the Moon and you are the man on me.« Ein anderer Typ tackert sich aus künstlerischen Gründen mit einer Maschine die Hoden am Hintern fest – genau das sind wohl die »anregenden Begegnungen«, von denen Staatsminister Bernd Neumann in seinem Grußwort für das Festival gesprochen hat.

»Exposed« von Beth B, der Film über Neo-Burlesque in New York, hat mir gut gefallen, weil die Burlesque-Tänzer eine große Würde haben. Man versteht, warum sie das tun. Man bewundert sie für ihren Mut, sie selbst zu sein, so, wie man in anderen Filmen halt John Wayne oder Susan Sarandon bewundert hat. Falls Sie den nackten Rabbi tanzen sehen wollen: Er heißt Rose Wood und tritt im Klub Slipper Room auf, Lower East Side.

2013

No Risk, no Art

»Monuments Men«, ein Film über den Kunstraub der Nazis und die Rettung der Kunstwerke durch tapfere Amerikaner: irgendwie überladen. George Clooney ist toll, als Schauspieler, aber als Regisseur? Allein schon die Musik. Wenn mir im Kino die Musik zu penetrant sagt, was ich fühlen soll, fühle ich mich intellektuell unterschätzt. Ich bin groß, ich kann die traurigen von den lustigen Stellen schon alleine unterscheiden.

Mein Tipp an junge Regisseure: Wenn man die Zuschauer für ein bisschen unterbelichtet hält, dann hat man womöglich recht, aber man darf es sie auf gar keinen Fall spüren lassen. Penetrante Musik zerstört ebenso viele Kunstwerke, wie die Nazis es im Zweiten Weltkrieg getan haben.

Den deutschen Beitrag »Jack« fand ich besser. Einige Kritiker haben zu Recht darauf hingewiesen, dass »Jack« sogar noch besser wäre, wenn er nicht diese Fernsehfilm-Ästhetik hätte. Fernsehen heißt: Bilder ohne Geheimnis. Das deutsche Fernsehen schwimmt im Geld, aber sie gehen extrem ungern ein künstlerisches Risiko ein. Warum? Weil sie ihr Geld sowieso kriegen, in Form einer Art Steuer. Führt eine Kunstgebühr ein, die jeder zahlen muss, gebt jedem Maler 100 000 Euro, bevor er überhaupt zum Pinsel greift, schafft Stellen für Kunstredakteure, die jedes Bild bewilligen müssen, und ihr beendet damit die Geschichte der bildenden Kunst in Deutschland.

Ein amerikanischer Produzent kann reich werden, wenn er ein künstlerisches Risiko eingeht und die Sache gelingt. Ein deutscher Fernsehredakteur kriegt Ärger, wenn er ein Risiko eingeht, im Fall des Gelingens gewinnt er nichts. No Risk, no Art. Das deutsche Staatsfernsehen ist aus dem gleichen Grund international erfolglos, aus dem die DDR-Wirtschaft erfolglos war: Planwirtschaft. Deshalb kommen neue Ideen, ob gut oder schlecht, immer zuerst bei den Privatsendern zum Zug. Die großartige Fernsehserie, die bei der Berlinale gezeigt wird, »House of Cards«, stammt natürlich aus den USA.

2014

Houellebecq im Dschungelcamp

Ich habe einen neuen Lieblingsfilm. Mein Wunsch an Arte: Macht eine Doku-Soap mit dem französischen Schriftsteller Michel Houellebecq als Hauptfigur. Dafür zahle ich freiwillig höhere Gebühren.

In den ersten Minuten von »L'Enlèvement de Michel Houellebecq« ist man über den Zustand des Hauptdarstellers erschrocken. Er wirkt schon sehr mitgenommen in seinem alten Parka. Houellebecq sieht ein bisschen wie Woody Allen aus, nur älter, obwohl Houellebecq in Wahrheit erst Mitte fünfzig ist. Zur Entspannung geht er in Paris auf Beerdigungen oder hält Taxis an, nur, um den Fahrern zu sagen, dass er im Moment leider kein Taxi braucht. In Berlin wäre das lebensgefährlich.

Er sagt Sachen wie »Le Corbusiers städtebauliches Ideal war das Konzentrationslager«. Da ist was dran. Über Houellebecqs These, dass Europas schlimmste Diktatur »Schweden« heißt, würde man gern mehr hören. Arte müsste mit Houellebecq nach Schweden fahren.

Dann wird er von drei Typen entführt, dem Exbodyguard von Karl Lagerfeld, einem Bodybuilder und einem Martial-Arts-Kämpfer. Bodys meet Brain. Die wollen Lösegeld für ihn. Sie sitzen in der Vorstadt, Houellebecq trägt Handschellen, raucht, nervt und schmutzt, sie streiten sehr anregend über Literatur, er schreibt Gedichte für die Mutter eines Entführers, sie geben ihm Unterricht in Kampfsport und lassen ihn vom Arzt checken, weil sie Angst haben, dass er ihnen stirbt. Am Ende kriegen die Gangster von irgendwem Geld und lassen ihn frei, obwohl er gern länger geblieben wäre.

Ich nenne das »ein ironisches Meisterwerk über interkulturellen Dialog«. Mit welchem deutschen Großschriftsteller könnte man so einen Film drehen? Am ehesten wohl mit Katja Lange-Müller. Falls Arte die Serie nicht macht, wäre Michel Houellebecq auch ein idealer Kandidat für das Dschungelcamp. Vorausgesetzt, er kriegt genug Alkohol und Zigaretten.

Kürzlich hörte ich einen Vortrag über das deutsche Feuilleton der Fünfziger-, Sechzigerjahre. Ich habe erfahren, dass es in der deutschen Literaturkritik der Nachkriegsjahre eine Art Verschwörung gab. Viele Kritiker wollten unbedingt, dass Heinrich Böll den Nobelpreis bekommt, nicht Grass. Böll war einfach sympathischer. Und er kriegte den Preis tatsächlich als Erster. Gibt es etwas, das ich für Michel Houellebecq tun könnte?

2014

Schleimen und schmachten

Immer, wenn ich bei der Berlinale eine Pressekonferenz besuche oder sie im Netz sehe, möchte ich hinterher den Beruf wechseln. Was da geschleimt und geschmachtet wird, ist kaum auszuhalten. Hier eine typische Szene, erfunden, aber wahr. Auftritt: der Hollywoodstar, sagen wir, er heißt Mister Smith.

Moderator: »Die Dame im roten Kleid, bitte.«

Dame im roten Kleid: »Mister Smith, ich bin Swetlana aus Zubrowka. Zuerst muss ich Ihnen sagen, wie sehr ich Sie verehre. Ich danke Ihnen für diesen Film, Sie machen uns glücklich. Alle meine Freundinnen möchten Sie heiraten, also, falls eine Heirat nötig sein sollte, um Sie näher kennenzulernen. Sie verstehen, was ich meine. Wir lieben Sie, unser ganzes Land Zubrowka liebt Sie! Wie schaffen Sie es, so gut auszusehen? Wie kann ein Mensch das schaffen?«

Moderator: »Ist das Ihre Frage?«

Dame: »Nein, nein. Mister Smith, Ihr wunderbarer, tief bewegender Film handelt von den Fischern in Neufundland. Ich habe ebenfalls einen sehr schönen

Film über den Fischfang in Neufundland gedreht, einen Dokumentarfilm. Er heißt ›Hey, Mister Fishyman‹ und läuft am 6. März auf Angel TV, um 23.50 Uhr. Die DVD kostet nur 15 Euro und ist über Teleshop Total erhältlich. Der Film hat 60 Minuten und ist nominiert ...«

Moderator: »Sie müssen jetzt wirklich eine Frage stellen.«

Dame: »Ich bin doch schon dabei! Mister Smith, wir alle haben von dem tragischen Ende Ihrer Beziehung zu Urma Schumann gelesen. Stimmt es wirklich, dass sie jetzt mit Christian Gräter zusammen ist? Mister Smith, diese Frau hatte Sie nicht verdient, ganz Zubrowka fühlt mit Ihnen. Hat der großartige Film, den wir gerade sehen durften, vor allem die Szene, wie Sie den riesigen Thunfisch mit dem Bootshaken aufspießen, Ihnen bei der Verarbeitung Ihrer traumatischen Erfahrung ...«

Moderatur: »Das reicht jetzt.«

Dame: »Einen Moment noch! Mister Smith, mein Land, die Republik Zubrowka, ist in großen Schwierigkeiten. Die Menschen haben keine Hoffnung. Den Euro wollen sie uns wegnehmen! Wenn aber Sie, Mister Smith, Ihren nächsten Film in Zubrowka drehen, dann wird die Sonne wieder scheinen in Zubrowka. Ich habe hier einen Drehbuchentwurf ... es geht um das Ende einer Beziehung ...«

Moderator: »Das reicht wirklich. Nächste Frage – der Herr im karierten Hemd.«

Herr: »Ronny Klein, Cinepress Creativ, Regensburg. Zuerst muss ich Ihnen sagen, wie sehr wir alle Sie verehren.«

2014

Kunstscheiß

Anderson« ist ein Film über den einstigen Star der DDR-Boheme und Stasi-Spitzel Sascha Anderson, der heute grauhaarig in Frankfurt am Main lebt. Es gibt eine Szene aus der Wendezeit, die man nicht vergisst: Der junge Anderson trifft auf Wolf Biermann, der ihn kurz zuvor enttarnt hatte. Anderson beschimpft Biermann so glaubwürdig, so ehrlich empört – »Wolf, ich hab mich für deine Lieder von der Stasi verprügeln lassen!« –, dass man nie wieder irgendwem irgendwas glauben möchte.

Eine Sache haben die Berlinale und die DDR von damals gemeinsam: Es gibt eine offizielle Wirklichkeit, in den Medien, und es gibt das, was die Leute in Wahrheit denken.

Zum Beispiel: »Praia do Futuro«, der Wettbewerbsfilm aus Brasilien. In den Kritiken kommt der Film gut weg, angeblich ist er »sensibel« und »berückend schön«. Gleichzeitig habe ich über keinen Film dieses Jahrgangs im Gespräch so viele Verwünschungen gehört. Ich kenne inzwischen die Story, schwule Liebesgeschichte, zwei Rettungsschwimmer, es spielt zum Teil in Berlin. Ein Kritiker: »Der Film ist so schlecht, dass er fast schon zum Mythos taugt.« Eine Kritikerin: »Von den Frauenfiguren erfährst du eigentlich nur, ob sie Analverkehr bevorzugen oder nicht. Mir ist das zur Zeichnung einer glaubwürdigen Frauenfigur einfach ein bisschen zu wenig.« Ein weiterer Kritiker: »Der Bruder kommt zu Besuch nach Berlin, extra, um zu erzählen, dass jemand gestorben ist – haben die in Brasilien kein Telefon?« Ein weiterer Kritiker: »Typischer Kunstscheiß.«

Beim Wort »Kunstscheiß« weiß jeder Berlinale-Profi, was gemeint ist. Kunstscheißfilme sind überambitioniert, wollen wahnsinnig bedeutsam sein, obwohl sie in Wirklichkeit oft banal sind, Kunstscheißfilme geben die Eitelkeit ihrer Macher als ästhetisches Experiment aus, Kunstscheißfilme sind meistens extrem langsam oder extrem dunkel und haben eine ähnliche Wirkung wie Waterboarding. Kunstscheißfilme sind einfach Kunstscheiß.

2014

Multimediabubble

Auf dem Potsdamer Platz befindet sich während der Berlinale eine durchsichtige Blase, welche den Namen »Multimediabubble« trägt und von der Gruppe »Pro Quote Regie« errichtet wurde. Der Gruppe gehören 180 deutsche Regisseurinnen an. Sie fordert, dass endlich auch bei den Filmen die Frauenquote eingerichtet wird. In zehn Jahren sollen 50 Prozent der Filme von Frauen stammen. Zurzeit werden nur 20 Prozent der deutschen Kinofilme von Frauen inszeniert. Bei dieser Berlinale sind sogar nur drei von 19 Wettbewerbsfilmen mit dem weiblichen Blick gedreht. Dabei gehört der Berlinale-Chef Dieter Kosslick doch selber zu den Unterstützern von »Pro Quote«!

Am einfachsten wäre es, wenn man es mit den Filmen so macht wie mit den Straßennamen. In Kreuzberg dürfen Straßen nur noch nach Frauen benannt werden, so lange, bis 50 Prozent der Straßennamen weiblich sind. Dieter Kosslick darf nur noch Frauen zum Wettbewerb einladen. Und zwar so lange, bis

50 Prozent aller Berlinale-Bären der Festivalgeschichte in Frauenhand sind.

Ein großes Problem besteht darin, dass in den Gremien, die über das Geld entscheiden, bisher nur relativ wenige Filmprojekte von Frauen eingereicht werden. Wenn es zum Beispiel in einem bestimmten Jahr nicht genug Frauen gibt, die einen Film drehen möchten – ist es dann rechtlich möglich, Künstlerinnen aus anderen Kunstgattungen, zum Beispiel Sängerinnen, zum Drehen eines Films zu verpflichten? Im Gesang sind Frauen eher überrepräsentiert. Künstlerisch kann das zu interessanten Ergebnissen führen, einen Film von Lena würde ich mir anschauen. Andreas Dresen muss dann beim Eurovision Song Contest antreten. Das wäre gerecht. Beim Eurovision Song Contest sind seit 2000 neun Mal Frauen für Deutschland angetreten und nur fünf Mal Männer.

Eine andere Frage: Was machen wir, wenn das Publikum die Frauenfilme nicht anschauen möchte? Ein Film ohne Publikum ist möglich, aber sinnlos. Vielleicht muss auch beim Publikum eine Quote eingeführt werden. Wenn eine Besucherin fünf Filme anschaut, müssen zwei davon eine Regisseurin haben, andernfalls kriegt sie eine Kinosperre. Falls sie den Quotenfilm absolut nicht sehen will, reicht es ja, wenn sie einfach nur eine Karte kauft und dann schön essen geht. Wer soll das kontrollieren?

Am Freitag um 18 Uhr wurde die Multimediabubble mit einer »Wodka-Performance« der Künstlerin Rigoletti eröffnet. Weltweit werden nämlich nur 20 Prozent des Wodkas von Frauen getrunken. Im Gesang sind Frauen eher überrepäsentiert, ähnlich wie beim Verfassen erotischer Bestseller.

2015

Leni und ihre Töchter

In »Petting Zoo« bin ich hineingegangen, weil es eine deutsch-griechisch-amerikanische Koproduktion ist. Das macht neugierig. Außerdem steckt Geld vom Medienboard Berlin-Brandenburg drin, also, unsere Steuern.

Der Film ist gut. Es geht um eine 17-Jährige, die in Texas ungewollt schwanger wird. Trotz des Themas ist es kein bleischweres Feelbad-Movie. Aber ich fragte mich die ganze Zeit, wieso Berlin und Brandenburg dieses ganz und gar texanische Texas-Drama kofinanzieren. Dann trat der Lehrer der 17-Jährigen auf. Er war schwarz, sympathisch und hieß »Mister Brandenburg«.

Für so einen Kinomoment zahlt man gerne Steuern. Dafür, dass die beiden Katzen der jungen Frau »Studio« und »Babelsberg« heißen, hat das Geld wohl leider nicht gereicht.

Man lernt auch Englisch bei der Berlinale. In »Love & Mercy«, dem ebenfalls recht gelungenen Film über Brian Wilson, den Chef der Beach Boys, sagt jemand abfällig: »This is too wischiwaschi.« Unser schönes

Wort »Wischiwaschi« ist globalisiert. Your last column was kinda wischiwaschi, don't you think so? I hate these waschiwaschimovies.

Endphase eines Festivals. Die Toiletten sind schmutzig, der Bus von Radio Eins riecht nach Fisch. Wer klug ist, wird jetzt krank. Da fällt mir ein, dass ein Mal, ein einziges Mal nur, Nordkorea bei der Berlinale vertreten war, 2004. In einer Kritik stand, der Film sehe aus wie von Leni Riefenstahl gemacht, nur fehle ihm leider die Genialität von Leni Riefenstahl. Mit anderen Worten: Wischiwaschi.

Apropos Leni Riefenstahl: Bei der Pressekonferenz zu »Als wir träumten«, Andreas Dresen, spielte wieder die Frauenquote eine Rolle. Eine Frau fragte anklagend, wieso sich zwei deutsche Wettbewerbsfilme mit den Problemen von männlichen Jugendlichen befassen. Die weibliche Jugend und deren Probleme seien im Wettbewerb offenbar kein Thema. Das stimmt nicht. In »Als wir träumten« gibt es eine weibliche Protagonistin. Einer der Jungs verzehrt sich nach ihr, sie aber schläft, wie es im Film heißt, mit allen, nur mit ihm nicht. Als beide sich treffen, sagt sie: »Ich zeig dir was, was nur dir gehört.« Dann hockt sie sich vor ihm auf den Boden und lässt Wasser.

Ob das nun eine starke Frau ist oder eine Jugendliche, die Probleme hat, ist schwer zu entscheiden. Wahrscheinlich trifft sogar beides zu. Politisch korrekter geht es doch gar nicht.

2015

Urteile

Ich war im deutschen Wettbewerbsbeitrag »24 Wochen«, wie immer drängten kurz vor Beginn der Vorstellung noch ein paar Leute auf die letzten freien Plätze. Sie quetschten sich durch die Reihen, und diejenigen, die schon saßen, mussten kurz aufstehen. Man sollte als Sichhindurchquetschender den Kurzaufstehenden seinen Oberkörper zuwenden, nicht den Rücken mit Po, so will es die Etikette.

Nicht jeder hält sich daran. Die Frau, die neben mir saß, regte sich auf und schrie einen Mann an, der sich, ihr den Rücken zeigend, an ihr vorbeidrängte: »Ich will nicht, dass Sie mir den Po zuwenden. Bei uns lernen schon die Kinder, dass man so etwas nicht tut. Die Deutschen sind unhöflich.« Ob der Mann überhaupt Deutscher war, schien mir aus der Situation nicht hervorzugehen, er hatte bis dahin kein Wort gesagt. Ich fragte die Frau, was sie mit »bei uns« meine. Wie heißt das Land, wo schon die Kinder perfekte Menschen sind? Die Frau war aus Kanada. Ich sagte, dass ich Pauschalurteile nicht mag. Nicht alle Deutschen seien unhöflich, und ich sei mir sicher, dass Unhöflichkeit auch in Kanada hin und wieder vorkomme. Dazu müsse ich nicht mal hinfahren. Sie selber war ja der Beweis. Auch eine Beschwerde über Unhöflichkeit kann sehr unhöflich sein.

Nun legte die Frau erst richtig los. Sie lebe in Dresden. Es folgte eine Beschimpfung der Dresdner, bei der mit Pauschalurteilen nicht gespart wurde. Sofort fiel mir Anke Engelke ein. Anke Engelke hat bei der Eröffnung der Berlinale gesagt: »George Clooney hat für einen Film viele Millionen investiert, um Deutschland in Nazideutschland zu verwandeln. Das hätte er billiger haben können – 180 Kilometer südlich, in Leipzig.« Anke Engelke kann ich nicht böse sein, sie ist einfach zu oft zu gut. Aber es fällt schon auf, dass bei uns einerseits ständig vor Pauschalurteilen gewarnt wird, aber bestimmte Gruppen, etwa die Ostdeutschen, von diesem Tabu ausgenommen sind. Der Satz »Ostdeutsche sind rechtsradikal« ist etwa ebenso intelligent wie der Satz »Muslime sind Vergewaltiger«.

Der Film »24 Wochen« erzählt von einem weiblichen Comedystar, der ein behindertes Kind erwartet und im siebten Monat abtreibt. Dazu kann man alle möglichen Meinungen haben. Der Film ergreift keine Partei, er zeigt einfach nur. Ein guter Film ist fast immer ein Film, der sich mit Urteilen über seine Figuren zurückhält.

2016

Ai Weiwei macht Party

Die Charity-Gala »Cinema for Peace« hat nur indirekt mit der Berlinale zu tun. Sie findet immer während des Festivals statt und nutzt die Tatsache, dass während dieser Tage immer Stars in der Stadt sind. Diesmal war es wirklich eine runde Sache.

Der chinesische Künstler Ai Weiwei hatte die Fassade des Konzerthauses mit original Schwimmwesten von Flüchtlingen behängt sowie mit einem Schlauchboot, dazu war groß der Text »Safe Passage« zu lesen. Während des Dinners wurden die aufgebrezelten Damen und Herren, darunter Charlize Theron, Wolfgang Joop und Sarah Wiener, dann gebeten, sich mit golden glänzenden Kälteschutzplanen zu bedecken, um auf diese Weise ihre Solidarität zu zeigen. Viele machten Flüchtling-Selfies. Dazu spielte eine Flüchtlingsband aus Damaskus, vermutlich den Song »Between the Devil and the Deep Blue Sea«. Wie die Band hieß, weiß ich nicht. The Swinging Slaughterhouse Survivors? Unter anderem, so habe ich gelesen, seien Involtini von der Poularde gereicht worden, auf der Leinwand waren dazu Bilder von Hitler und von den Massenmorden in Srebrenica zu sehen. Das demonstrative Essen von Fleisch unter den Augen des Vegetariers Hitler ist ja irgendwie auch ein Akt des Widerstands, der Lust macht auf mehr. Es gab auch etwas zu gewinnen, zum Beispiel einen Song, den die Siegerperson mit der Band Pussy Riot aufnehmen darf.

Aus Protest gegen das Schmelzen der Polkappen will ich in Zukunft meinen Whisky nur noch mit Eis trinken. Und aus Solidarität mit den Naziopfern kommt mir keine Bierflasche mehr ins Haus, auf der »Pils« steht. Ich trinke »Lager«, dazu höre ich »Die Moorsoldaten« in der Unplugged-Version von Pussy Riot. Wie soll man so was wie diese Gala eigentlich nennen, wenn das Wort »Gutmenschen« nicht mehr zur Verfügung steht? Zur Erinnerung: Gutmenschen sind nicht Menschen, die still Gutes tun, sondern Menschen, die auf laute Weise so tun, als täten sie Gutes. Ah, zum Glück gibt es ja noch »scheinheilig«, oder ist das auch schon ein Unwort?

Kleines Fazit der Berlinale: viele gute französische Filme. Und Gérard Depardieu kann es noch, auch mit russischem Pass, auch nach 18 Motorradunfällen, dem Kauf von 14 Weingütern, gefühlten 99 Skandalen und einer Lebertransplantation. Monsieur, pinkeln Sie, wo und wann Sie wollen, sogar auf meinen Laptop, aber machen Sie weiter Filme.

2016

Das Licht geht aus

In »Genius« erfahren die Zuschauer, wie ein Lektor arbeitet, der es mit einem allzu selbstverliebten Autor zu tun hat, in diesem Fall Thomas Wolfe. So ein Autor beschreibt zum Beispiel, wie im Kino das Licht ausgeht:

»Es gibt tausende Arten des Flüsterns und Lachens, japanisches Flüstern, französisches und italienisches, im Berlinale-Palast vereint es sich zu einem globalen Summen, einem Bienenstock, dessen Summen auf- und abschwillt wie ein Lied ohne Melodie, das aber Melodie werden will, und dieses Summen vor dem Beginn des Films ist die geheime Hymne des Weltkinos, hört, wie es an gepolsterten Wänden abgleitet, zurückgeworfen wird, bis es sich bricht an prallvollen Taschen, zerknitterten Programmheften, bekleckerten Brillen, auf schweißigen Nasen rutschend, und mit einem Mal sich beruhigt, als sei von der Hand eines Riesen über einen Vogelkäfig ein Tuch geworfen worden, und der flatternde Vogel sei erstarrt, halb in Furcht, halb in Hoffnung, denn nun gibt es im Kino nur noch Einzelne, keinen Schwarm mehr, nun gibt es nur noch das Strahlen vor uns, und es gibt nur noch eine Sprache, die Sprache dieses Films.«

Es hat was. Aber ist es gut?

Der Lektor liest diesen Satz, schüttelt langsam den Kopf, streicht den Satz durch und schreibt stattdessen: »Das Licht geht aus.«

Nach »Genius« war ich ausgerechnet in »Chi-Raq«, einem Agitprop-Musical von Spike Lee, das dringend solche harten Maßnahmen gebraucht hätte. Von den sechzig Minuten, die ich gesehen habe, waren etwa fünfzig überflüssige Wiederholungen. Spike Lee ist, so hart es klingt, kein guter Regisseur, ausgenommen sein Film »Do the Right Thing« und dieser andere. Er hat kein Gefühl für Timing, für Zwischentöne, aber er ist politisch sehr engagiert.

Wenn es mit der Kunst eines Künstlers hapert, dann hat dieser Künstler immer noch die Option, zum engagierten Sprachrohr für irgendwas allgemein Akzeptiertes zu werden, Gerechtigkeit, Frieden, Antirassismus, *you name it*, und sich für seine lautere Gesinnung feiern zu lassen. Auch bei Autoren funktioniert dieser Trick.

Es ist ungerecht, dass so etwas in anderen Berufen nicht geht. Man stelle sich vor, am Berliner Flughafen hätten die Manager erklärt: »Okay, es gibt ein paar Probleme. Wir setzen halt andere Schwerpunkte, unser Flughafen ist ein Flughafen des Friedens, Rassisten kriegen hier keine Bordkarten, und aus der Entrauchungsanlage regnet es antisexistische Flugblätter.«

2016

Henry Hübchens Geheimnis

Es gibt eine Debatte darüber, welche Künstler im Filmbusiness überhaupt noch tragbar sind. Deshalb habe ich »Schauspieler« und »Vorwürfe« gegoogelt. So erfuhr ich, dass Tilda Swinton, Ehrengast dieser Berlinale, sich einen Rassismusvorwurf eingefangen hat, weil sie in »Doctor Strange« eine Asiatin spielt. Das sei respektlos, weil sie offenbar gar keine echte Asiatin ist. Liam Neeson hat in Zusammenhang mit »Me too« vor einer »Hexenjagd« gewarnt, das Wort ist frauenfeindlich. Dann wollte ich wissen, was Kevin Costner auf dem Kerbholz hat, der Name fiel mir zufällig ein. Er soll während einer Massage im Hotel masturbiert haben, aber bestreitet dies, möglicherweise ging es der Masseurin um eine Abfindung. Ich habe mich gefragt, wen ich als Schauspieler wirklich toll finde, und gab »Sean Connery« ein. Seine erste Ehefrau behauptet, dass er sie verprügelt hat. Außerdem soll er Steuern hinterzogen haben. Bei Bill Murray, Ehrengast dieser Berlinale, lauten die Vorwürfe multiple Drogensucht, Sex-Sucht und häusliche Gewalt. Außerdem hat er einem Regieassistenten, der während einer Drehszene telefonierte, damit gedroht, ihn zu erstechen, wenn er nicht aufhört. Bei Charlie Chaplin hatte ich gleich ein mulmiges Gefühl. Richtig: aggressives und vulgäres Verhalten, eigentlich dauerhaft. Chaplin hat eine 15jährige geschwängert. Bei Clint Eastwood war ich überrascht, dass seine Weste in punkto Sexismus weiß zu sein scheint, bei häuslicher Gewalt scheint eher er der Gefährdete zu sein. Seine relativ junge Ehefrau soll ihren ersten Gatten mehrfach verprügelt haben. Spike Lee hat Eastwood Rassismus vorgeworfen, stimmt, aber das tut Spike Lee ja nun bei jedem.

Ich erzähle das nicht, um Vorwürfe zu verharmlosen oder mich über Opfer lustig zu machen. Ich frage nur: Was bleibt von der Filmgeschichte übrig, wenn man höchste Moralmaßstäbe anlegt? Womöglich Susan Sarandon. Gegen sie liegt lediglich vor, dass sie Papst Benedikt einen »Nazi« genannt hat. Zum Glück ist der, so weit bekannt, wenigstens keine Frau. Schade ist es um Helmut Berger, der auf seine alten Tage vor laufenden Kameras masturbierte, was seinen Mann Florian Wess dazu veranlasste, die Scheidung einzureichen: »Für mich ist es schrecklich, so vor den Kopf gestoßen zu werden.« Einer, bei dem ich partout nichts finden konnte, ist der Schauspieler Henry Hübchen. Der härteste Vorwurf lautet, er sei »nicht frei von Eitelkeit«.

2018

Männer mit feuchten Hosen

Die Berlinale war bis 1990 ein Schauplatz des Ost-West-Konfliktes. Da flogen oft die Fetzen. Russen und Chinesen gegen Amis. Was der Berlinale heute fehlt, sind echte Konflikte und Aufreger. Es gibt in der Welt ja genug davon. Meistens sendet die Berlinale diesen ökosozialfeministischen Dauerton, alle sind sich einig und machen es sich täglich im lauwarmen Bad der Selbstbestätigung gemütlich. Das ist ziemlich langweilig und irrelevant. Ich würde zum Beispiel gern mal einen Pro-Putin-Film sehen, obwohl ich sehr gegen Putin bin oder öfter mal (hin und wieder gibt es das) einen Film, der unbequeme Fragen stellt, die nicht schon jeder im Schlaf kennt. Mit diesen Der-Kapitalismus-ist-an-allem-schuld-Filmen könnt ihr mich jagen. Da schaue dann lieber »Wer wird Millionär.« Nein – ich gehe auf eine Party!

Auf der Party stand ich mit einem wichtigen Produzenten und einem bekannten Kritiker beisammen. Der Kritiker sagte: »Wir waren doch beide vor vier Jahren auf dieser Filmtagung in Paris.« Der Produzent erinnerte sich. Der Kritiker: »Da musste ich zu einer Podiumsdiskussion aufs Panel. Ich war spät dran und rannte aus dem Hotel raus, jemand hat Achtung gerufen, aber ich konnte nicht bremsen und bin direkt vorm Hotel auf einer Pfütze ausgerutscht und reingefallen. Es war Erbrochenes. Noch warm.« Der Produzent schaute leicht angeekelt auf sein Fingerfood, eine Mini-Quiche. »Dann«, fuhr der Kritiker fort, »hat mir jemand erzählt, dass es Ihr Erbrochenes war. Und jetzt treffen wir uns persönlich, so ein Zufall!« Der Produzent wirkte leicht angefasst. Er räusperte sich. »Na ja, ich hatte nach langer Pause mal wieder gekifft, das vertrag ich einfach nicht mehr.« »Man wird älter«, sagte der Kritiker. »Ich hab zum Glück immer eine Ersatzhose dabei.«

Diese Szene hat mich berührt. Und jetzt wird es peinlich.

Immer, wenn im Film jemand weint, muss ich mitweinen. Ich kann nichts dagegen machen. Wenn dann auch noch leise die Streicher einsetzen, sieht mein Sitz nach dem Film so aus, als sei ich inkontinent. Gleichzeitig werde ich wütend. Ich denke: »Jetzt wirst du gerade manipuliert. Du durchschaust es. Aber du weinst trotzdem, du Volltrottel.« Wenn aber ein Kind weint, brechen alle Dämme. Wenn man mir ein zweistündiges Drama mit weinenden Kindern zeigen würde, müsste ich hinterher wegen Dehydrierung ins Krankenhaus. Und ich habe nie eine Ersatzhose dabei.

2018

Die Moralfrage

Einer meiner Lieblingsfilme ist von 1943, ein Western, er heißt »Ritt zum Ox-Bow«. Er handelt von der Lynchjustiz an drei angeblichen Pferdedieben, die unschuldig sind. »Wir in Texas«, sagt jemand, »verlassen uns nicht auf Gerichte.« Im Fall des Regisseurs Woody Allen reden manche genauso. Allen soll seine Tochter missbraucht haben. Seine Exfrau und die damals Siebenjährige behaupten das. Zwei Gutachter haben den Fall untersucht, beide kamen zum Ergebnis, dass an dem Vorwurf nichts dran ist. Offenbar hat die Mutter das Kind manipuliert. Der einzige damals halbwegs erwachsene Zeuge für Familieninterna, Allens Sohn Moses, bestätigt dies. Das Verfahren wurde eingestellt. Die Indizien reichten nicht mal für einen Prozess.

Natürlich ist auch die Justiz fehlbar. Aber nach allen Kriterien der Wahrscheinlichkeit und der Rechtsstaatlichkeit ist Woody Allen kein Täter, sondern ein Opfer von Rufmord. Er ist so unschuldig wie der Oberst Dreyfus, den der antisemitische Zeitgeist und seine willigen Vollstrecker im Jahre 1894 zum Krepieren auf die Teufelsinsel geschickt haben.

Der Berlinale-Chef Dieter Kosslick ist in einem Interview auf Woody Allen angesprochen worden. Noch vor zwei Jahren hätte Kosslick, wenn Woody Allen ihm einen Film anbietet, vor Stolz und Glück mit Messer und Gabel seinen roten Schal verspeist. Heute sagt er: »Allen hat mir nie einen Film angeboten, und vielleicht war das gut so.« Ein eleganter Fußtritt, für einen wahrscheinlich Unschuldigen, der auf dem Boden liegt, Chapeau! Es ist sehr traurig, zu wissen, dass ein sympathischer Mann wie Kosslick in dem Film »Ritt zum Ox-Bow« und in der Dreyfus-Affäre auf der Seite des Mobs gestanden hätte. Man braucht heute nicht viel Mut dazu, um nein zu sagen, wenn einem Unschuldigen der Strick um den Hals gelegt wird. Nur ein klein wenig. All das Berlinale-Gerede über Diversity, Solidarität und Toleranz zerbröselt wie Dreck, vor dem ungeheuerlichen Fall der sozialen Hinrichtung des Menschen Woody Allen.

Der nächste ist Michael Haneke. Der wunderbare Regisseur Haneke hat zu dem neuen Tugend-Terror gesagt: »Oshimas Film ›Im Reich der Sinne‹ könnte heute nicht mehr gedreht werden, weil die Förderungsinstitutionen in vorauseilendem Gehorsam gegenüber diesem Terror das nicht zulassen würden. Das alles hat nichts damit zu tun, dass jeder sexuelle Übergriff zu verurteilen und zu bestrafen ist. Aber die Hexenjagd sollte man im Mittelalter belassen.« Die Jagd auf Haneke ist eröffnet.

Abblende

Stimmt es wirklich, dass einige Kritiker in Terrence Malicks »Knight of Cups« Bullshit-Bingo spielen wollten? Jedes Mal, wenn im Film das Wort »Gott« fällt oder ein im Wind schaukelnder Grashalm zu sehen ist, wollten sie im Kino La Ola machen. Das bedeutet, bei einem Film von Terrence Malick, zwanzig Mal La Ola. Dieses Happening wurde angeblich unterbunden, weil es respektlos ist. Respekt – ganz wichtig.

Ich ging stattdessen in einen Westberlinpunkfilm, der im Osten lief, im International. Er heißt »B-Movie: Lust & Sound in West-Berlin«. Wenn Filme einen so komplizierten Namen haben, mit zwei Bindestrichen und Doppelpunkt, dann besteht Hoffnung, dass der Film selbst nicht ganz so kompliziert ist, weil sie ihren künstlerischen Elan schon beim Titelfinden befriedigt haben. Ich hatte die Wartenummer 968, und man wurde nur bis Nummer 966 reingelassen. Punk is dead.

Vor dem Kino sprach mich eine Frau an. Sie war sicher schon über sechzig, sie wirkte unscheinbar und ein bisschen verwirrt. »Bist du auch im Filmbusiness?«

Ich sagte: »Ich glaube, nein.«

»Ich habe ein Drehbuch geschrieben.« Dann erzählte sie.

Es geht um eine Frau, die mittelalt ist und mittel aussieht und keinen tollen Beruf hat und weder besonders klug ist noch übermäßig charmant. Ein junger, extrem attraktiver Mann, der viel Geld verdient und sehr sympathisch ist, macht ihr den Hof, er sagt, er sei in sie verliebt. Sie zögert lange, dann lässt sie sich drauf ein. Aber sie denkt die ganze Zeit: Da kann doch was nicht stimmen. Was findet der an mir? Was will der wirklich? Das passt doch nicht. Irgendwann, fürchtet sie, muss dieser Traum in Horror umkippen. Dabei ist alles wunderbar, sie verstehen sich gut. Nur manchmal entdeckt sie Winzigkeiten, die sie und auch die Zuschauer misstrauisch machen. Winzige Irritationen. Sie beauftragt einen Detektiv. Der Detektiv findet nichts. Am Ende verlässt sie ihn, weil sie ihm einfach nicht glauben kann.

»So hört der Film auf?«, fragte ich. »Nein, sie trifft ihn dreißig Jahre später wieder, da ist sie sehr alt. Der Mann sagt, dass er nie eine andere Frau lieben konnte und sie nie vergessen hat. Findest du die Idee gut?«

Ich sagte, ja, das ist eine gute und traurige Geschichte. Das kann wirklich ein guter Film werden. Ich wollte die Frau fragen, ob es ihre Geschichte ist, aber ließ es dann. Wahrscheinlich war es so. Dann ging sie ihres Weges. Das war der Film, den ich an diesem Abend gesehen habe.

2015

Dank

Dieses Buch hätte, wie jedes Buch, nicht ohne die Hilfe vieler Kolleginnen und Kollegen entstehen können. Besonders dankbar bin ich meinen Tagesspiegel-Mitstreitern Christiane Peitz und Jan Schulz-Ojala, meiner Agentin Karin Graf, meinem mit Adleraugen gesegneten Lektor Rainer Wieland, meinem geduldigen Verleger Johannes Jacob, der Crew des RBB-Berlinale-Busses, Dorothee Hackenberg und Knut Elstermann, dem Ideenspringbrunnen Rainer Groothuis für so manche Idee und meiner Frau Petra Martenstein für die psychologische Betreuung einer nicht immer unkomplizierten Autorenpersönlichkeit.

Personenregister

A
Adorno, Theodor W. 120
Ai Weiwei 195
Alexander, Peter 152
Allen, Woody 41 f., 68, 98, 181, 204 f.
Altaras, Adriana 36
Altman, Robert 41, 43, 77 f.
Anderson, Sascha 186
Annaud, Jean-Jacques 39
Antel, Franz 135
Antonioni, Michelangelo 25
Augstein, Franziska 169
Augstein, Rudolf 14

B
Bach, Sabine 36
Balaban, Bob 42
Ballhaus, Michael 46
Barris, Chuck 48 f.
Barrymore, Drew 49
Becker, Meret 46
Belushi, John 123
Benigni, Roberto 80 ff., 164
Berben, Iris 132, 161
Berger, Helmut 201
Beth B 178
Biermann, Wolf 186
Bisky, Norbert 93
Blanchett, Cate 18
Bleibtreu, Moritz 143, 157
Bohm, Marquard 34, 73
Bois, Curt 25
Böll, Heinrich 182
Bolt, Usain 134
Bolz, Norbert 97
Bormann, Susanne 22
Brandt, Matthias 132
Braschi, Nicoletta 81
Brühl, Daniel 143
Bruni, Carla 101 f.
Buchholz, Horst 81
Buck, Detlev 98
Bush, George W. 101, 109

C
Carrell, Rudi 49
Castorf, Frank 25

Castro, Fidel 59 ff.
Cerruti, Nino 71
Chaplin, Charlie 201
Clooney, George 17, 75, 49 f., 83, 99, 179, 194
Connery, Sean 200
Costner, Kevin 200
Crowe, Russell 74

D

Damon, Matt 87, 90
Day-Lewis, Daniel 104
De Niro, Robert 74, 89
Dean, James 122
Delpy, Julie 174
Demirkan, Renan 73 f.
Depardieu, Gérard 60, 85, 196
Depp, Johnny 99
DiCaprio, Leonardo 74
Dietl, Helmut 77, 161 f., 165 f.
Dietrich, Marlene 18, 122
Dörrie, Doris 134 ff., 138, 168
Dresen, Andreas 19 ff., 189
Dreyfus, Alfred 204 f.
Dumont, Sky 143
Dylan, Bob 52

E

Eastwood, Clint 63, 125, 201
Eden, Rolf 156
Eichinger, Bernd 152
Elsner, Hannelore 73

Elstermann, Knut 57
Engelke, Anke 194
England, Lynndie 109
Ensslin, Gudrun 159

F

Faithfull, Marianne 94
Falorni, Luigi 115 f.
Fasten, Richard 123
Fellini, Federico 15, 25, 32
Ferres, Veronica 104, 143
Fierek, Wolfgang 161
Foster, Jodie 74
Frost, Cora 36
Fry, Stephen 43

G

Gabriel, Gunter 154
Gabriel, Peter 154
Gabriel, Sigmar 154
Gambon, Michael 43
García Márquez, Gabriel 60
Gates, Bill 77
Gedeck, Martina 73 f., 144
Geißler, Heiner 130 f.
Girardot, Annie 73
Glasner, Matthias 171
Godard, Jean-Luc 169
Goebbels, Joseph 143 f., 159
Gore, Al 107 f.
Grass, Günter 182
Grönemeyer, Herbert 98
Groth, Sylvester 143
Gwisdek, Michael 22

H

Hadeln, Moritz de 47
Hamm-Brücher, Hildegard 176
Hanecke, Michael 205
Harfouch, Corinna 46
Harrelson, Woody 78, 125
Hauer, Rutger 49
Hawke, Ethan 174
Hawn, Goldie 70
Hermann, Irm 34
Herzog, Werner 41, 134
Herzsprung, Hannah 105
Hitler, Adolf 159, 196
Höfer, Andreas 21
Hoffman, Dustin 133
Holden, William 123
Hölderlin, Friedrich 90
Horwitz, Dominique 42
Hoss, Nina 176
Houellebecq, Michel 181 f.
Hübchen, Henry 200 f.
Huillet, Danièle 67
Huntgeburth, Hermine 126 f.
Huppert, Isabelle 84
Hurt, John 73
Hussein, Saddam 108, 165
Hutton, Timothy 95

J

Jagger, Mick 105
Jarmusch, Jim 20
Jolie, Angelina 87, 163 f.
Jones, Tommy Lee 78
Joop, Wolfgang 195
July, Miranda 156

K

Kafka, Franz 127
Karmakar, Romuald 67, 169
Kaufman, Charlie 49
Keaton, Diane 63 f.
Keillor, Garrison 77 f.
Khan, Shah Rukh 99 f., 132 f.
Kingsley, Ben 106 f.
Kline, Kevin 78
Knef, Hildegard 52
Knopp, Guido 105
Konsalik, Heinz G. 39
Kosslick, Dieter 45 ff., 71 f., 85 f., 123, 147, 162, 188
Kracauer, Siegfried 37
Kretschmer, Cleo 161
Kross, David 125
Kubrick, Stanley 134

L

Lagerfeld, Karl 182
Lambert, Lothar 161
Landgrebe, Gudrun 144
Lange-Müller, Katja 182
Lanzmann, Claude 164
Léaud, Jean-Pierre 65
Le Corbusier 181
Lee, Spike 53 ff., 198, 201
Leigh, Mike 98, 113
Lemke, Klaus 161 f.
Lena (Meyer-Landrut) 189
Leyen, Ursula von der 163

Lindenberg, Udo 70
Linklater, Richard 66
Lohan, Lindsay 78
Loren, Sophia 42, 60
Lovelace, Linda 175
Lugosi, Bela 71

M
MacLaine, Shirley 24
Maffay, Peter 18
Magnani, Anna 73
Malick, Terrence 206
Marischka, Franz 135
Marx, Karl 102
Mastroianni, Marcello 102
Matthes, Ulrich 143
May, Karl 115
McCarthy, Joseph 17
McDormand, Frances 64
McNamara, Robert 108
Mehari, Senait 114
Meinhof, Ulrike 159
Meyers, Nancy 62 f.
Micael, Letekidan 116
Minichmayr, Birgit 171
Miou-Miou 65
Mirren, Helen 43
Monroe, Marilyn 122 f.
Moore, Michael 108
Morris, Errol 108 ff.
Mühe, Ulrich 143
Müller, Emilia 158
Murray, Bill 200

N
Nahles, Andrea 142
Neeson, Liam 200
Neubauer, Christine 132
Neumann, Bernd 178
Nicholson, Jack 63 f.
Norton, Edward 54

O
Obama, Barack 107
Obermeier, Uschi 36
Oshima, Nagisa 205

P
Papst Benedikt 201
Pasolini, Pier Paolo 15
Perón, Evita 60
Peschke, Hendrik 22 f.
Petzold, Christian 163 f.
Piano, Renzo 32 f.
Piscator, Erwin 90
Potente, Franka 47
Praunheim, Rosa von 47
Putin, Wladimir 101, 202

R
Radisch, Iris 101 f.
Reeves, Keanu 64
Reno, Jean 73, 81
Riefenstahl, Leni 192
Rigoletti (Pfaus, Marion) 190
Rinke, Moritz 39
Roberts, Julia 49
Rockwell, Sam 50

Rohmer, Éric 169
Rommel, Peter 19
Roth, Philip 106
Rühmann, Heinz 25
Rutschky, Michael 90

S

Sarandon, Susan 178, 201
Sarkozy, Nicolas 101 f.
Sarrazin, Thilo 150
Schlink, Bernhard 120
Schlöndorff, Volker 36, 89
Schmidt, Harald 77, 143
Schneider, Helge 176
Scholl, Sophie 157
Schrader, Paul 94
Schröder, Gerhard 46
Schweiger, Til 134 f., 152
Scorsese, Martin 97 f.
Scott Thomas, Kristin 43
Seehofer, Horst 158
Seymour Hoffman, Philip 55
Smith, Maggie 43
Smith, Patti 105
Soderbergh, Steven 40
Spielberg, Steven 164
Spurlock, Morgan 108
Stefani, Chloé 138
Stoiber, Edmund 18
Stone, Oliver 59 ff.
Stone, Sharon 95
Straub, Jean-Marie 67
Streep, Meryl 73, 78
Swinton, Tilda 104 f., 201

T

Tappert, Horst 74
Tarantino, Quentin 164
Theron, Charlize 75 f.
Thierse, Wolfgang 44, 47
Thome, Rudolf 34 ff., 161
Tomlin, Lily 78
Trittin, Jürgen 47
Truffaut, François 58

V

Vávrová, Dana 39
Veiel, Andres 159
Vesper, Will 160
Vilsmaier, Joseph 39
Vinterberg, Thomas 35, 137
Vogel, Jürgen 83, 143, 171
Vogts, Hans-Hubert (»Berti«) 66
Volm, Saralisa 161

W

Wagner, Robert 122
Waits, Tom 52
Walken, Christopher 122
Walker, Drummond 170
Watson, Emily 43
Wayne, John 178
Weaver, Sigourney 74
Welzer, Harald 169
Wenders, Wim 24 f., 36
Wess, Florian 201
Wiener, Sarah 195
Wild, Gina 71
Wilder, Billy 134
Willemsen, Roger 169

Williams, Robbie 99
Wilson, Brian 190
Winehouse, Amy 98
Winslet, Kate 120, 125
Wodarz, Hans-Peter 98
Wolfe, Thomas 197
Wolff, Michael (»Mike«) 92

Wong Kar-Wai 174
Wood, Natalie 122 f.
Wood, Rose 178
Wowereit, Klaus 47, 72

Z
Zhang Yimou 51
Zischler, Hanns 34

Im Text erwähnte Filmtitel

A
A Beautiful Mind 74
Aimée und Jaguar 20
Almanya 149 ff.
Als wir träumten 192
Anderson 186
Angriff auf die Demokratie 169
A Prairie Home Companion 77 ff.
Ausweitung der Kampfzone 38

B
Barbara 163
Before Midnight 174
Before Sunrise 66, 174
Before Sunset 174
Being John Malkovich 49
Berlin Chamissoplatz 36
Berlin für Helden 161 f.
B-Movie: Lust & Sound in West-Berlin 206

C
Casablanca 66
Chi-Raq 198
Cold Mountain 65
Comandante 59
Confessions of a Dangerous Mind 49
Confidences trop intimes 66

D
Das Fest 35
Das Jahr, als meine Eltern in Urlaub waren 95
Das Leben ist eine Baustelle 20
Das Leben ist schön 80, 82, 164
Das Mambospiel 22
Deep Throat 175
Der gute Deutsche 17 f.
Der gute Hirte siehe The Good Shepherd
Der talentierte Mr. Ripley 37

Der Tiger und der Schnee
81 f.
Der Vorleser 120 f., 125
Deutschland 09 128 f.
Die Brücken am Fluss 125
Die Frauen aus der sechsten
   Etage 153
Die Friseuse 135, 138
Die Geschichte vom
   weinenden Kamel 115
Die Nacht singt ihre Lieder
   69
Die Reise der Pinguine 146
Die Wirtin von der Lahn
   135
Do the Right Thing 53, 198
Doctor Strange 200
Dracula 71
300 (Dreihundert) 93, 95 f.

E
E. T. 33
Effi Briest 126 f.
Elegy 106
Elementarteilchen 73
Exposed 179

F
Fette Welt 20
Feuerherz 114 ff.
Folle Embellie 65

G
Geliebt 144
Genius 197 f.
Gilbert Grape 74

Gladiator 60
Glück 168
Gnade 171
Gold 176
Good Bye, Lenin! 150
Gosford Park 41 ff.

H
Happy-Go-Lucky 113, 138
Harry Potter 43
Heaven 44
Heinrich der Vierte siehe
   Henri IV
Henri IV (Heinrich der
   Vierte) 137 f.
Hero 51
Herr der Ringe 96

I
Im Reich der Sinne 205
In der Lederhose wird
   gejodelt (Teil 2) 175
In the Land of Blood and
   Honey 163
In the Line of Fire 125
Irina Palm 93 f., 138, 150

J
Jack 179
Jud Süß (II) 143 f.
Julia 104
Jurassic Park 33

K
Keiner liebt mich 20
Knight of Cups 206

L
La vie en rose 18
L'Enlèvement de Michel Houellebecq 181
Liebesgrüße aus der Lederhose 135
Love & Mercy 191
Lovelace 175 f.

M
Malcolm X 54
Manche mögen's heiß 123
Mein bester Feind 157
Mommy is Coming 167 f.
Monuments Men 179
My Name is Khan 132 f.

N
Nachtgestalten 19 ff.
Nashville 41, 77
Nell 74
Night on Earth 20

P
Panzerkreuzer Potemkin 32
Paradiso 34 ff.
Petting Zoo 191
Praia do Futuro 186 f.
Prêt-à-porter 43

R
Ritt zum Ox-Bow 204 f.

S
Schütze Benjamin 62
Shahada 141
She's Gotta Have It 53
Shine a Light 97
Short Cuts 41, 77
Something's Gotta Give (Was das Herz begehrt) 62 ff.
Stalingrad 39 f., 176
Standard Operating Procedure 108 ff.
Star Wars (III) 71
Submarino 137
Super Size Me 108
Syriana 75

T
The Artist 169
The Big Eden 156
The Fog of War 108
The Future 155
The Good Shepherd (Der gute Hirte) 87, 90
The Grandmaster 174
The Making of a New Empire 38
The Messenger 125
The Walker 94
There Will Be Blood 104
Titanic 60
Traffic 40
Tropfen auf heiße Steine 38
Tuan Yuan 130
25th (Twentyfifth) Hour 54 f.

V
Vater der Braut 62
Vertigo 32
24 (Vierundzwanzig) Wochen 193 f.

W
Was das Herz begehrt siehe Something's Gotta Give
Wer wenn nicht wir 159
When a Man Falls in the Forest 95

Z
Zeit des Erwachens 74
Zettl 165 f.
Zur Sache, Schätzchen 162

»Harald Martenstein ist Kult!«
Berliner Zeitung

Harald Martensteins Blick auf die Welt ist eigensinnig.
Das zeigen auch seine jüngsten geistreichen Glossen.
Der Kolumnist der ZEIT rückt mit seinen Betrachtungen
Phänomene unseres Alltags in ein völlig neues Licht.
Dabei gibt es, wie er gerne zugibt, eine Portion Bosheit
für jeden. Er bringt es auf den Punkt: Nettsein ist auch
keine Lösung. Unsere Befindlichkeit ist sein Thema. Seine
luziden Texte handeln von uns, sie sind so leichtfüßig
wie punktgenau. Und er geht dabei ganz nebenbei mit
großer Leichtigkeit und Lust auf Nörgler, Beckmesser
und Widerwortgeber ein. Martensteins Credo: Von
einer eigenen Meinung geht die Welt nicht unter.

Jetzt reinlesen auf www.penguin-verlag.de

»Martenstein ist gut, Unsinn: Er ist brilliant.«
Axel Hacke, SZ Magazin

Wenn am Donnerstag die *ZEIT* erscheint oder am Sonntag der Berliner *Tagesspiegel,* dann gibt es viele, die diese Blätter nur wegen eines einzigen Textes kaufen: der Kolumne von Harald Martenstein! Martensteins Texte sind witzig, nachdenklich, sarkastisch, skurril, manchmal auch wütend. Sie stellen die Regeln der politischen Korrektheit auf den Kopf, oft balancieren sie auf dem schmalen Grat zwischen Literatur und Nonsens. Ihr Thema ist der deutsche Alltag. Dieses Buch enthält Martensteins beste Glossen aus den vergangenen Jahren.

Jetzt reinlesen auf www.penguin-verlag.de

Satirisch, bissig und humorvoll nimmt der Bestsellerautor unseren Alltag unter die Lupe

Wenn schon die Politiker nicht ein noch aus wissen – wie soll man da als Endverbraucher im Reform- und Haushaltskassendickicht noch einen klaren Kopf behalten? Mit der Lebenserfahrung eines geschulten Beobachters erklärt Harald Martenstein, was wir von den täglichen Konfusionen zu halten haben: Er sinniert über den Zusammenhang von Alterspyramide und Fußpilz, diskutiert mit seinem Kind über hochpreisige Handy-Modelle, fragt sich, ob er ein Gewichtsproblem hat, und erzählt von den bürokratischen Labyrinthen der Deutschen Rentenversicherung.

Jetzt reinlesen auf www.penguin-verlag.de